最新リスクマネジメント経営

レジリエントでサステナブルな社会の実現に向けて

MS&ADインターリスク総研＝著

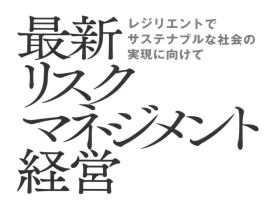

はじめに

21世紀に入り20年。グローバル化の進展、IoTの普及などにより、社会・経済の相互依存性は高まり、それに伴ってリスクは複雑に絡み合い、急速に増幅してきました。そのような中、新型コロナウイルスの世界規模での感染拡大、各国経済への甚大な影響という形で、巨大なリスクが顕在化しました。14世紀のペスト、19世紀のコレラ、100年前のスペイン風邪など、社会の基盤を揺るがしたパンデミック（世界的大流行）は形を変えて再来したのです。

お亡くなりになった方のご冥福をお祈り申し上げますと共に、感染された方の早期回復をお祈り申し上げます。そして、一日も早くワクチン、治療薬が行き渡り、効果を発揮することで世界が平穏な日常を取り戻すことを願います。

今回のパンデミックにより、高度に発展した人類社会の持続可能性（サステナビリティ）は、いまだ脆弱であることが暴き出されました。しかし、持続可能性を脅かすリスクはパンデミックだけではありません。気候変動リスク、サイバーリスク、大規模地震・津波リスク、次世代モビリティをはじめとする技術革新に伴うリスク、安全や健康に関わるリスクなど、多種多様なリスクが存在しており、これらに対処するためには、より高度なリスクマネジメントが求められています。

東日本大震災からちょうど10年が経過した今、改めて、複雑に絡み合い急速に増幅する現代のリスクについて、環境変化を多面的にかつ精緻に捉え、企業に求められるリスクマネジメントを総論と各論から明快に説明することによって、ご理解を深めていただき、さらなる取り組みを促進していただきたい。このように考えて、本書の発刊を企画しました。

企業においても、社会においても、リスクをゼロにすることはできません。しかし、リスクを発見・評価して許容可能なレベルまで低減する、そして万一顕在化した場合には、迅速かつ適切に対処して影響を最小化することは可能なはずです。最新のリスクマネジメント経営によって、強靭（きょうじん、レジリエント）で持続可能（サステナブル）な企業と社会を実現していただきたい。本書がその一助となりますことを心より祈念しております。

MS&ADインターリスク総研株式会社
代表取締役社長　中村光身

目次

第1章

〝ニューノーマル時代〟こそ、レジリエントでサステナブルな社会を　27

対談　中村光身×竹中平蔵

第2章　これからのリスクマネジメント　49

第5章　リスクマネジメントに優れた経営者とは　207

序章
今なぜ、リスクマネジメントなのか

今なぜ、リスクマネジメントなのか

時代と共に企業を取り巻く環境やリスクの大きさ・性質は変化していきます。これらの変化を先取りして適切に対応するため、経営手法であるリスクマネジメントを高度化させ、持続可能性を高めることが、今、企業に求められています。

新型コロナウイルス感染症の蔓延、風水災の激甚化、サイバー攻撃の増加など、近年、企業を取り巻くリスクはますます増大しています。事業に伴う事件・事故・不祥事も後を絶たず、国際政治や社会経済も決して安定的とはいえません。ひとたびリスクが顕在化すれば、それは特定企業の問題にとどまることなく、様々なステークホルダー（利害関係者）、バリューチェーン、そして社会全体に影響を与えることもあります。

損失が発生する頻度が高くなり、規模が大きくなり、あらゆる不確実性への対応が企業経営にとって重要な課題である中、リスクマネジメントは企業を守るため、ひいては様々なステークホルダーそして社会を守るために必要不可欠な経営手法として、いま改めて重要性が認識され、高度化に向けた取り組みが進められています。

田村直義
MS&ADインターリスク総研
取締役
営業推進部長 兼 特命事項担当
CDO (Chief Digital Officer)
上席フェロー

様々な災害・事故・不祥事

多くの方の記憶に残る事案として、2000年に発生した乳製品メーカーの大規模食中毒事件、その後の同社グループ会社である食品メーカーの食品偽装事件による廃業が挙げられます。前者は、食品安全衛生の問題だけではなく、被害拡大防止に向けた迅速な初動対応・経営トップによる適切な情報開示など、危機管理の重要性を思い知らされた事案でした。後者については企業本体における法令遵守はもちろんのこと、グループ会社を含む企業集団としてのリスクマネジメントやコンプライアンスが不可欠であるとの教訓を示しました。これらと、大手銀行の米国債不正取引に関する株主代表訴訟判決、食品無認可添加物の違法販売に関する株主代表訴訟判決については、その後に成立した会社法において、内部統制システム構築について規定する契機になったともいえます。

2001年の米国同時多発テロ事件は世界中に衝撃をもたらしました。想定外の事態に対応することの難しさを多くの人々が痛感したのですが、振り返れば、全くの想定外ではなく、予兆現象はすでに発生していたことが分かりました。この事件の後に事業継続計画(BCP)への関心が高まっていきました。

*深層防護:安全対策の多重化により、①異常の発生を防止し、②異常が発生しても拡大を防止して事故発生を防ぎ、③事故が発生しても影響を最小化する対策

**ICS:米国で開発された緊急時対応の管理システム。指揮、実行、計画、後方支援、財務総務の5つの機能が定義され、1人の監督者は最大で7人までしか監督しない(必要に応じて階層化して規模を拡大させる)など、現場実態に応じた確実な管理が期待できる仕組み

その後も災害事故・不祥事は多発するのですが、20世紀との違いは、直接的損害の大きさと社会的非難の高まりは必ずしも比例しないということです。換言すれば、企業の社会に対する裏切り行為が強く非難される傾向が国内では特に強まったといえます。

２０１１年3月に発生した東日本大震災とそれに伴う福島第一原発事故は、10年経過した今でも終息しておらず、復興や廃炉は目前の課題であり続けています。特に、福島第一原発事故においては、自然災害に関する高度に専門的な知見とそれを踏まえた対策の重要性、安全に関する基本的な考え方、すなわちあらゆる事象において絶対安全（残留リスクが全く存在しないこと）はありえない、という理論的には当然のことを再認識させられました。そして、これらに鑑みて、その後に①深層防護*の深化による対策が進んでいること、②有事に備えたＩＣＳ（Incident Command System）**により危機管理が強化されたこと、③絶対安全を前提とした過去のステークホルダーとの信頼関係は見直しが必要となり、新たなリスクコミュニケーションが進められていることなどは、企業が学んでおくべき事項といえます。

このように21世紀に入り、国内企業は多くの危機に直面してきました。被災した企業・事件を起こした企業だけでなく、それ以外の企業の経営にも直接的・間接的に多くの影響を及ぼしてきたのです。

	2019	2020	年
	【6月】M6.7の地震が山形沖で発生、新潟、山形など4県で計26人が負傷 【8月】記録的大雨が九州北部で発生、3人が死亡、1人が行方不明	【4月】政府が、新型コロナの猛威により緊急事態宣言 【7月】豪雨が九州地方各地で発生、84人が死亡、2人が行方不明 【12月】1,100台の自動車が新潟の関越道で大雪により立ち往生し、自衛隊派遣の要請	災害
	【3月】高速船が甲信越地方で海洋生物とみられる物体に衝突、80人がけが、13人が重傷 【6月】無人運行の列車が関東地方の駅で逆走し車止めに衝突、乗客の15人がけが	【1月】大手化学メーカーが、米工場での火災について一部作業員と和解し289億円の支払い 【2月】女子高校生が、神奈川・逗子のマンション敷地内において斜面崩壊に巻き込まれ死亡 【7月】福島県の飲食店で爆発により、1人が死亡、18人が重軽傷	事故
	【3月】大手不動産会社の物件で施工不良が判明、国交相が同年夏までに全棟改修するよう前倒しを指示 【5月】大手不動産会社引き渡しの1.3万棟で違法の疑いがあり、2020年末までに耐火改修工事の予定 【8月】決済アプリ大手で不正アクセスが発生、被害者800人超に補償	【2月】大手電機メーカーがサイバー攻撃に遭い、防衛省の防衛関連情報が流出 【2月】大手自動車メーカーが、元役員被告に対し不正問題による損害として100億円を賠償請求 【6月】大手自動車メーカーがサイバー攻撃を受け、国内外の一部工場で生産が一時停止 【10月】証券取引所でシステム障害により終日売買停止 【11月】大手ゲームメーカーがサイバー犯罪集団から「取引」を要求され、内部情報が流出(大阪府警発表) 【12月】北陸地方の医療用医薬品メーカーが、爪水虫内服薬への睡眠剤成分混入により、自主回収を実施	不祥事(サイバー、訴訟等含む)
	【3月】エチオピアで旅客機が離陸直後に墜落、157人が死亡 【4月】パリのノートルダム大聖堂で、火災により屋根や尖塔が焼け落ちる被害が発生 【4月】スリランカの教会やホテルで連続爆発があり、200人以上が死亡・日本人が複数負傷	【1月】中国武漢での肺炎患者から新型コロナウイルス検出 【1月】世界的家具量販店が、販売したたんすの倒壊による2歳児の死亡について、遺族と米史上最高額と目される約50億円で和解 【1月】ウクライナ旅客機がイランで墜落、176人が死亡 【5月】黒人の死亡について、米国で抗議デモが行われ一部が暴徒化 【7月】大型貨物船がインド洋モーリシャス沖合で座礁し重油が大量流出 【8月】大規模な爆発がレバノンで発生、220人以上が死亡 【10月】トルコ沖で地震が発生、115人以上が死亡	海外・その他

大規模な自然災害、重大な事件・事故・不祥事が毎年発生している。MS&ADインターリスク総研が、公開情報をベースにして企業向け研修で採用した事例、季刊誌「RMFOCUS」に掲載した事例から抽出した(2017年以前の年表は巻末付録を参照)

2018	2019	
【1月】草津白根山が噴火し、1人が死亡、11人が負傷 【6月】大阪北部で震度6弱の地震が発生、5人が死亡、435人が負傷 【7月】西日本で豪雨により、220人超が死亡 【9月】台風21号により、関西地方を中心に14人の死亡・200万軒を超える大規模停電など甚大な被害が発生。鉄道会社は予告して運行を取りやめる「計画運休」を実施 【9月】平成30年北海道胆振東部地震（最大震度7）により、43人が死亡	【9月】台風15号が千葉県に上陸、最大93万戸が停電 【10月】台風19号が伊豆半島に上陸、関東から東北を縦断し、長野・千曲川など各地で河川が氾濫	
【2月】陸自ヘリが佐賀の民家に墜落、隊員2人が死亡、住民1人が負傷 【7月】西日本豪雨の影響で、中国地方の金属加工会社の工場が爆発、近隣住民約40人が重軽傷 【7月】東京都多摩市のビル建設現場で火災が発生、5人が死亡 【9月】大手化学メーカーの北陸の工場で火災が発生、4工場の内2工場が消失 【12月】不動産総合サービス会社の北海道の店舗で、在庫の部屋消臭用スプレー120本のガス抜き作業で爆発が発生、42人が重軽傷	【7月】アニメ制作会社（近畿地方）が放火され、建物内にいた社員70人のうち36人が死亡、33人が重軽傷 【9月】電車が横浜の踏切で脱線しトラックに衝突、33人がけが、トラックの運転手が死亡 【10月】沖縄の首里城が炎上し、正殿など7棟が焼失	
【1月】仮想通貨取引所で不正アクセスにより仮想通貨580億円が流出、出金を停止 【1月】振り袖の販売・レンタル会社との契約で2億円超の被害が発生 【6月】大手住宅メーカーの詐欺被害事件における55.5億円の特別損失計上を受け、株主が提訴 【6月】関東の大学のアメリカンフットボール部選手による悪質なタックルで相手チームの選手が負傷。所属連盟は前監督らの指示と認定し2人を除名処分、同大学は2人を懲戒解雇 【10月】油圧機器メーカーが、15年以上にわたり986件（マンション・病院等）の免震装置で行っていたデータ改ざんを公表 【11月】大手自動車メーカーの会長が、役員報酬50億円の過少申告により金融商品取引法違反容疑で逮捕	【10月】最高裁が津波対策で学校の過失を認め、市、県の上告退け、小学校遺族の勝訴が確定 【11月】大手電力会社の株主5人が、金品受領問題について大手電力会社現旧役員5人への提訴を請求 【12月】リース会社の下請けである情報機器会社元社員が、神奈川県の情報が入ったHDDを転売 【12月】金融庁が、大手事業会社の保険部門を対象に、不適切販売による業務停止を命令	
【4月】米旧IT大手企業での情報流出について、後継企業が3,500万ドル（約38億円）で和解 【5月】ハワイ島キラウエア火山が噴火、約2,000人が避難、80棟超の建物が崩壊 【5月】旅客機がキューバで墜落、112人が死亡 【7月】米日用品メーカーが、ベビーパウダー訴訟における賠償金47億ドルの評決を受け、上訴の方針 【7月】ギリシャ首都アテネ近郊で大規模な山林火災が発生、92人が死亡 【9月】インドネシアでM7.5の地震で津波が発生、2,000人超が死亡 【10月】インドネシアの航空会社旅客機がインドネシア沖で墜落、189人が死亡 【11月】大規模な山火事がカリフォルニア州で発生、1万9,000戸が焼失	【7月】米国ニューヨーク繁華街で変圧器の火災により、7万戸以上の大規模停電が発生 【9月】オーストラリア東部で大規模な森林火災があり、ポルトガルの国土面積を上回る約97,000平方キロの森林が焼失 【11月】イタリアのベネチアで記録的な高潮により1,200億円の被害が発生 【12月】インドの首都ニューデリーで工場火災が発生し、43人が死亡	

毎年重大な災害・事故・不祥事が発生し、そのたびに企業は対応を迫られてきました。これらの中には、発生自体をコントロールできず、減災に努めることしかできない事例、当該企業だけでなく自社にとっても「明日は我が身」という事例、しっかりと準備して対策を講じれば今後予防できる事例などがあり、いずれの場合も多くの企業が対応を迫られることになりました（詳細は巻末の「災害・事故・不祥事年表」参照）。一方で自社の緊急事態であっても「喉元過ぎれば熱さを忘れる」という企業や、他社の事態を「対岸の火事」と捉える企業もあり、すべての企業が十分な対策を講じてきたわけではないのも事実です。

いつ顕在化するか予想もつかないリスク、いったん顕在化すればどこまで影響が拡大するのか予測困難なリスク、そしてあるリスクが顕在化した後にさらに別のリスクが顕在化する可能性など、個人で考えれば様々な可能性が脳裏に浮かび、どのように対処すべきか結論を出せない永遠の課題のようにも思えます。

確かに個人で対処することは極めて困難かもしれません。広範な業務知識と経験、外部環境を先読みする能力、様々なリスクに関する専門知識、経営資源を投入してリスクを低減させる実行力がなければ、対処することはほぼ不可能です。だからこそ、事業を継続し、安定的に発展させるためには、組織として創意工夫して様々なリスクに備える経営手法、すなわちリスク

多種多様なリスク

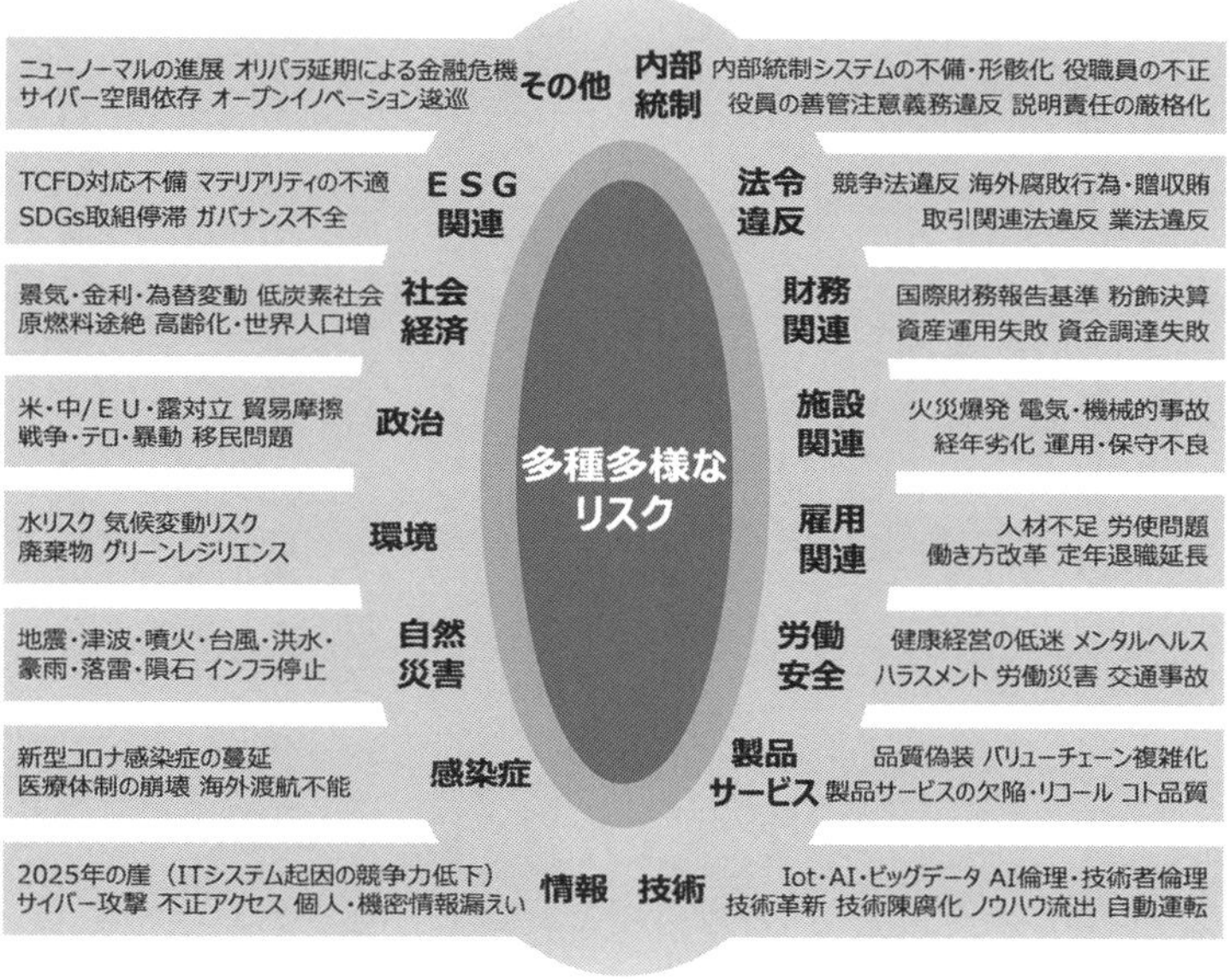

企業を取り巻くリスクは多種多様であり、事業の継続と安定的な発展のために
リスクマネジメントは不可欠である

マネジメントが必要なのです。

あらゆるリスクは変化し続けている

時間の経過に伴い、あらゆるリスクの大きさや性質は変化し続けています。

■バリューチェーンのグローバル化・複雑化

ある企業を起点として商流の川上側をサプライチェーンというのに対して、川下も含めた全体をバリューチェーンといいます。例えば1種類の製品について原材料を調達し、部品を製造加工して完成品として仕上げ、市場に流通させてユーザーの手元に届けるプロセスにおいて、世界各国にまたがる数多くの事業者が関与しています。バリューチェーンは多様化複雑化していて完全にトレースできない場合もあり、自社に直接のアクシデントがなくとも、バリューチェーンを構成する企業に事業中断があれば、自社のビジネスが阻害されてしまうのです。取引先の地震被害により原材料の調達ができなくなった場合などが典型的な例です。

■IoT・AIなどの新技術

IoT（様々な物がインターネットにつながること）・AI（人工知能）などの新技術の普及により、多くのビジネスにおいてビッグデータを収集分析し、最適解を導き出すことにより、製品・サービス・これらを通じて得られる体験（コト）において、付加価値の向上が実現されています。これらの新技術は、時に旧来のリスクを予見して事故の未然防止に役立つ場合もあり、これ自体はリスクの低減要因です。しかし、極めて頻度が低くとも、一度発生すれば莫大な損害が発生する場合もあります。自動走行システムを例に取ると、交通事故の発生頻度低下には貢献するのですが、万一システムが一定期間以上停止した場合の社会的影響は莫大なものとなりかねません。

突発的・急激ではなく徐々に変化するリスク

ある日突然発生するアクシデントだけでなく、徐々に変化するリスク、いつの間にか悪しき慣習として根付いてしまうリスクなども見逃せません。最初の時点では、大きなリスクではなかったのかもしれませんが、最初の状態が放置されていたり、最初の行為が漫然と継続されていたりすることにより、いつしか取り返しのつかない事態に至るのです。典型的な例としては製品や機械設備の経年劣化などがありますが、それ以外にも長年にわたる偽装や不正などを例として挙げることができます。

これらの変化するリスクについては、影響のある外部環境と内部環境の変化を先読みすること、少なくとも予兆現象を早期に把握評価して対策を講じること、新たに許容しなければならなくなったリスクに着目することなど、リスクを定点観測する上での固有の視点が必要となります。法改正のような時期・内容が明確な変化だけではなく、目には見えにくいリスクの変化を捉え続けなければならないのです。

自社の損失最小化から世のため人のためのリスクマネジメントへ

古くはリスクマネジメントといえば、自社の特定の損失可能性を最小化することのみを指すこともありましたが、時代と共に、その内容と意義は拡充されてきました。

日本では、2000年9月の大手銀行の米国債不正取引による損失に関する株主代表訴訟判決(大阪地裁)の中でリスク管理に関する役員の善管注意義務が判示されました。その後の数多くの企業不祥事発生も踏まえて、2006年5月改正の会社法では、「損失の危険の管理」を含む「業務の適正を確保するための体制(内部統制システム)整備の基本方針」の取締役会決議・事業報告での開示が大会社に義務付けられました。さらに金融商品取引法に基づき、2008年4月から「財務報告に係る内部統制の評価及び監査の基準」が上場企業に適用開始され、内部統制報告書などの開示が義務付けられました。

米国では、２００１年12月にエンロン事件（エネルギー会社の巨額不正取引と粉飾決算による経営破綻）が発生して多くの投資家が被害を被ったことが契機となり、２００２年７月に米国サーベンス・オクスリー法（上場企業会計改革および投資家保護法）が成立しました。この動きも踏まえ、２００４年９月にＣＯＳＯ（Committee of Sponsoring Organizations of the Treadway Commission：トレッドウェイ委員会支援組織委員会）から全社的リスクマネジメント（ＥＲＭ）のフレームワークが公表され、２０１７年９月には改訂版ＣＯＳＯフレームワークが公表されました。改訂前において、リスクとは「目的達成を阻害する影響を及ぼす事象が生じる可能性」であり、マイナス影響を及ぼす事象を「リスク」、プラス影響を及ぼす事象を「事業機会（opportunity）」としていました。改訂版では、リスクとは「事業戦略およびビジネス目標の達成に影響を与える不確実性」であり、「リスク」と「事業機会」を真逆のものと認識するのではなく、両者を併せて「リスク」であると定義しました。

リスクマネジメントに関するＩＳＯ規格としては、２００９年11月に「ＩＳＯ３１０００：２００９リスクマネジメント―指針」が発行され、さらに２０１８年２月に改訂版である「ＩＳＯ３１０００：２０１８リスクマネジメント―指針」が発行されました。いずれも第三者認証を必要とするマネジメントシステム規格ではなく、あくまでもガイダンスの位置づけです。改訂の前後において「原則」「枠組み」「プロセス」の構成と内容には本質的に大幅な変更はないものの、関連する動向を踏まえ、より企業経営に資するツールとしての改善がなされています。

２０１８年10月には、ＣＯＳＯとＷＢＣＳＤ（The World Business Council for Sustainable Development）による「全社的リスクマネジメントの環境・社会・ガバナンス関連リスクへの適用」が公表され、全社的リスクマネジメント（ＥＲＭ）の手法を、ＥＳＧ（環境（Ｅ）、社会（Ｓ）、ガバナンス（Ｇ））に関連するリスクへ適用するための解説がされています。

以上の動向とそれに基づく企業の実態を踏まえると、目指すべきリスクマネジメントの在り方は以下の通り変貌を遂げたことになります。

・個別リスクの分断管理から、全社リスクの統合管理へ
・投資家保護の重視から、様々なステークホルダーの期待充足へ
・クローズされた社内経営指標から、オープンな企業価値評価指標へ
・マイナス側面中心のリスクから、マイナス・プラス双方のリスク（不確実性）へ
・付加的な経営手法から、事業に不可欠な経営手法へ

国連が定めたSDGs（持続可能な開発目標）

SDGsとリスクマネジメントは密接な関係にある
（1.貧困をなくそう　2.飢餓をゼロに　3.すべての人に健康と福祉を　4.質の高い教育をみんなに　5.ジェンダー平等を実現しよう　6.安全な水とトイレを世界中に　7.エネルギーをみんなに そしてクリーンに　8.働きがいも経済成長も　9.産業と技術革新の基盤をつくろう　10.人や国の不平等をなくそう　11.住み続けられるまちづくりを　12.つくる責任つかう責任　13.気候変動に具体的な対策を　14.海の豊かさを守ろう　15.陸の豊かさも守ろう　16.平和と公正をすべての人に　17.パートナーシップで目標を達成しよう）上記のSDGsロゴ／アイコン掲載についてはp242を参照

リスクマネジメントのさらなる役割

さらに考慮しなければならない要素として、サステナビリティが挙げられます。

２０１５年９月に開催された国連サミットでは、17のゴールと１６９のターゲットで構成されるＳＤＧｓ（持続可能な開発目標）が採択されました。この目標は、２０３０年までの達成を目指すものとされ、企業を含む様々な主体が活動を活性化させています。この動きを受けて、投資家もＥＳＧ（環境・社会・ガバナンス）の観点からスクリーニングした企業への投資、いわゆるESG投資を拡大させ、さらにインパクト投資（投資先の事業活動によって生じる環境・社会に対しプラス・マイナスの影響を「インパクト」として着目した投資）も急増しています。

前述の「全社的リスクマネジメントの環境・社会・ガバナンス関連リスクへの適用」に見られるように、ESGに関わるリスクについても、旧来からのリスクマネジメントのプロセスに統合して、経営課題として取り組む動きも進んでいます。

企業におけるリスクマネジメントは、これらの目標達成をより確かにするために必要な手法であると同時に、リスクマネジメントの取り組み要素自体が目標達成と直結する場合もあることに着目しなければなりません。マテリアリティとして掲げた重要経営課題に関する目標達成ができない可能性もリスク（マイナス側面のリスク）ですし、CSV*の実践により当初の想定以上に社会的価値や経済的価値を生み出すこともリスク（プラス側面のリスク）といえます。

経営のあらゆる局面でリスクマネジメントが必要不可欠な時代であり、リスクマネジメントの巧拙が企業価値に確実に影響を及ぼします。マイナス側面のリスクをコントロールして許容可能なレベルまで低減することにとどまるのではなく、リスクテイクして事業を拡充する、リスクマネジメントに基づく合理的かつ挑戦的な事業活動により様々なステークホルダーとの信頼関係を醸成するなど、プラス側面のリスクに関するメリットも確実に享受することが期待さ

*CSV（Creating Shared Value：共有価値の創造）とは、事業者が社会的課題の解決に取り組むことにより経済的価値と社会的価値を同時に創造するという経営戦略。主たる事業活動とは別に社会的価値の創造に貢献するのではなく、事業としてより戦略的に取り組むことにより、社会的価値と同時に経済的価値（利益や株価の上昇など）を生み出すことが期待できる。

れています。これらを実現するためには、リスクマネジメントと称して実施する全社的な取り組みや審議・意思決定のメカニズムだけでなく、事業活動のあらゆる側面において役職員に対してリスクマネジメントの考え方を涵養《かんよう》すること（水が自然に染み込むように、無理をせずゆっくり養い育てること）が重要となるのです。

田村直義（たむら・なおちか）
1990年慶應義塾大学法学部法律学科卒業、現三井住友海上火災保険入社。1998年現MS&ADインターリスク総研出向。2007年CSR・法務グループ長、2016年関西支店長、2019年取締役営業推進部長 主席コンサルタントを経て、2021年現職

第1章

対談｜“ニューノーマル時代”こそ、レジリエントでサステナブルな社会を

中村光身 × 竹中平蔵

対談

“ニューノーマル時代”こそ、レジリエントでサステナブルな社会を

中村光身［MS&ADインターリスク総研社長］
×
竹中平蔵［慶應義塾大学名誉教授・東洋大学国際学部教授］

感染症のパンデミックや気候変動など、備えるべきリスクは多種多様だ。
SDGs（持続可能な開発目標）への注目が高まる中、
企業は経営環境の大きな変化に対応しつつ、
レジリエントでサステナブルな社会の確立に貢献することが求められる。
これからの企業の在り方について国際的な視野から語り合った。

ストレングス（強さ）よりも、レジリエンス（復元力）

中村光身（以下、中村）：2021年に開催されたダボス会議のテーマは「グレート・リセット（GREAT RESET）」です。社会が大きくトランスフォーメーション（変容、変化）する時代に、MS&ADインターリスク総研（以下、弊社）はBCP（事業継続計画）の策定や見直し、気候変動リスクの分析など多岐にわたるリスクマネジメントによって価値を創造し、企業や社会の持続的成長に貢献していこうとしています。

レジリエントでサステナブル（持続可能）な社会の実現を目指すMS&ADインシュアランスグループの中で、弊社はリスク関連サービス事業の中核を担っています。

竹中平蔵（以下、竹中）：困難や逆境にあっても折れることなく、状況に合わせて柔軟に立ち直るしなやかな復元力があるという意味の「レジリエンス」は、東日本大震災以降よく使われるようになった言葉で、とても重要なキーワードですね。

米マサチューセッツ工科大学（MIT）メディアラボラトリーでは、インターネットの登場以降、世の中がどう変わったかを調査しています。そこではレジリエンス・オーバー・ストレングスと指摘されている。

(右) 中村光身　MS&ADインターリスク総研社長
(左) 竹中平蔵　慶應義塾大学名誉教授・東洋大学国際学部教授

つまり、重要なのは強さ（ストレングス）よりも復元力（レジリエンス）だというわけです。外からの衝撃に対して壊れないように強さを追求することも大事だけれど、それ以上に、壊れたらどう復元するか、その力、復元力＝レジリエンスが今、問われている。

私は日本人が持つ最大の力は、このレジリエンスだと思っています。地震や水害など、日本は自然災害を多く受けてきた国ですが、そのたびに立ち上がってきました。ですから2020年に起きた新型コロナウイルス感染症のパンデミック（広範囲に及ぶ流行病。感染爆発）を考える時、日本人がこの力を思い出すことが重要だと思います。

パンデミックをどう食い止め、どう立ち直るか

中村：おっしゃる通りです。竹中さんは、「（新型コロナウイルスなどの）感染症によるパンデミックからの復元の後には、社会が変容する」とも指摘されています。

パンデミックは、今回が最後にはならないでしょう。新型コロナウイルスの感染拡大が収まったとしても、別のウイルスが必ず発生すると考えるべきです。

人類は20世紀にそれまでに永遠の課題とされた3つのこと――すなわち『飢餓』『疫病』『戦争』をほぼ克服し、制御可能な状態に置いたとされていました。ところが実際には、感染症は克服も制御もできていませんでした。

感染症には新型コロナウイルス以外にもマラリアやエボラ出血熱など多種多様なものが存在し、これらの発生を完全に防ぐこともできていません。ですから、新たな感染症が発生・拡大した時には、その流行をどう食い止め、そこからどう立ち直るかが重要になります。

今後も、繰り返すであろうパンデミックを想定し、「感染拡大をどう食い止め、そこからどう立ち直るか」――すなわちレジリエンスが重要で、その力や仕組みを構築する時が今であると考えます。

備えがあって初めて、〝レジリエントな状態〟に

竹中：日本は長い間、安全を重視する一方で、リスクマネジメントを遠ざけてきました。

例えば原子力発電所の運用では、事故を想定して訓練を実施すると近隣住民の不安をあおることになるという理由で、そうした訓練を実施しないケースが多かった。その結果、備えが不十分となり、原子力発電所で事故が起きた際に安全が損なわれてきた面があります。事故の発生確率がどんなに低かろうとも、備えは必要です。備えがあって初めて、〝レジリエントな状態〟であると言えます。

中村：新型コロナウイルスの感染拡大に対しては、新型インフルエンザを体験したことを踏まえてＢＣＰを策定していた企業は、比較的スムーズに対応できていました。新型コロナウイルスの感染拡大で起きた事態は、新型インフルエンザから想定したリスクシナリオとは完全に一致はしてはいませんが、シナリオのかなりの部分を応用することができたため、うまく機能した事例が数多くあります。

竹中：ＢＣＰを策定していた企業は、テールリスク（まれにしか起こらないはずのリスク）への備えができていたということですね。リスクとはもともと、統計学上のばらつき（標準偏差）を

意味する言葉です。例えば、株を買った場合、「株価が上がること」と「株価が下がること」、この両方がリスクです。

中村：そうですね。ＩＳＯ31000（リスクマネジメント手法のガイドライン）では、リスクとは「諸目的に対する不確かさの影響」と定義されていて、「影響とは、期待されていることから良い方向・悪い方向へのかい離」というただし書きも添えられています。

竹中：株式市場に置き換えて考えると、株価上昇は「良い方向へのかい離」、株価下落は「悪い方向へのかい離」と考えられます。しかし今は、想定外の事象が発生することをリスクと呼ぶことが増えました。株価の変動ではなく、証券取引所が機能しなくなる、そんな事象です。

2020年に起きた新型コロナウイルスのパンデミックはまさに、テールリスクが現実に起きた一例でしょう。このテールリスクに対して多くの企業は善処したと思いますが、日本という国には大きな課題が突きつけられました。

日本では、国民の外出を禁止できないことが明らかになったのです。日本ではあくまでも、自粛要請しかできません。つまり、今回のパンデミックのような非常事態を国として想定していなかったということです。事故を想定していないのと同じで、リスクマネジメントの基本ができていなかったことを意味します。

中村：日本は、日常に様々な規制がある一方で、非常時の権力行使については抑制的です。

竹中：今回明らかになった通り、非常事態における権限の多くは、都道府県の知事が持っています。一方、予算の大部分は中央である政府が管理している。日本は本格的な中央集権国家ではなく、曖昧な分権国家になっているのです。戦争の時代の反省、反動というものもあるかもしれません。

俯瞰するために、「バルコニーへ駆け上がれ」

中村：今回の出来事を通して、リスクとは連鎖的なものだということを改めて痛感させられました。感染症の拡大を発端として、サプライチェーン（製品が消費者に届くまでの、原材料・部品の調達から、製造、在庫管理、配送、販売、消費までの一連の流れ）が影響を受けたことが最たるものです。

インターネットの普及、グローバル化の加速により、「相互依存性」「スピード」「複雑性」がキーワードの社会となっており、それに伴って、リスクは「複雑に絡まり合い、急速に増幅する」状況にあります。また地球環境問題や人権問題への意識の高まりを受け、これらに関するリスクについても、マネジメントの対象とする必要性が出てきました。

中村光身（なかむら・てるみ）
1960年生まれ。1984年、東京大学教育学部卒業、住友海上火災保険入社。2009年以降、三井住友海上火災保険 滋賀支店長、千葉支店長、執行役員四国本部長、常務執行役員東京企業第一本部長を経て、2019年、MS&ADインターリスク総研代表取締役社長就任。

さらに、コロナ禍によるライフスタイルの変化により、人々は内省的になり、いったん立ち止まって、これまでの人生を振り返り、今後の行く末を考える時間が多くあったのではないでしょうか。GDP重視、経済偏重の姿勢は後退し、個人が精神的な幸せに価値観を求める世の中になっていくのではないかと、私は考えています。格差拡大、分断の進行が、コロナによって露呈し、資本主義の修正を余儀なくされるとも考えています。

竹中：ハーバード・ケネディスクール（行政大学院）のパブリックリーダーシップセンター共同創設者であるロナルド・ハイフェッツ氏が書いた『最前線のリーダーシッ

プ』という本の中に、「リーダーはバルコニーへ駆け上がれ」という示唆に富んだ言葉があります。これは、「鳥の目で見る」、つまり、一歩引いて俯瞰《ふかん》してみなさいということで、そうすることで状況がよく見え、起きている変化にも気付くというメッセージです。中村社長はまさに、バルコニーから様々なことをご覧になったのだと思います。

目の前のことに忙殺されている人のことを一段高いバルコニーから眺めると、その人がやっていること、取り巻く状況がよく見えることがあるのと同じです。目の前のことだけ見ていると、日本経済は何とか回っている。それで日常は過ぎていくが、実は世界はどんどん変わっている。だから、鳥の目でリスク管理する力がないと、リーダーは務まらないんです。今の日本の若い人は概してゆとりがなくきゅうきゅうとしているだけに、特にこの言葉を意識しておいてもらいたいと常々言っています。

新型コロナウイルス感染症拡大を機に、社会変革が実現できる

竹中：社会には、上部構造と下部構造があります。上部構造は「思想や宗教、政治などの社会意識」で、下部構造は「経済の実態」です。そして上部構造は下部構造に規定されるという関係があります。今回のパンデミックによって、上部構造は大きな影響を受けました。では、下部

構造はどうでしょうか。在宅勤務が一時的には進みましたが、「労働時間を管理できない」といった理由で、将来的には元の勤務形態に戻るかもしれません。しかし下部構造が後戻りできないほど変わるなら、上部構造の変化は確固たるものになるでしょう。今回の事態をきっかけとして、下部構造がしっかりと変化し上部構造の変化も確固たるものになれば、社会変革が実現できると思います。

中村：変化は一時的なもので、また元に戻るとしたら、日本企業特有の超現場主義、さらには超短期主義のせいでしょうか。日本の企業は中長期的な発想が苦手とも言われますが、ここにもその要因があるように思います。

竹中：ステークホルダー・キャピタリズム（企業は株主だけでなく、顧客、従業員や地域社会といったあらゆるステークホルダー＝利害関係者の利益に配慮すべきという考え方）の弱点が一部出ているのでしょう。

ステークホルダーには、株主はもちろん、従業員も地域社会の人、出資している投資家も入ります。ですから、「三方よし」どころか、「多方すべてよし」を目指すのがステークホルダー・キャピタリズムです。

実は日本ではこのステークホルダー・キャピタリズムが昔から成立していたという説があり

竹中平蔵（たけなか・へいぞう）
1951年生まれ。1973年、一橋大学経済学部卒業、日本開発銀行入行。1981年、ハーバード大学、ペンシルベニア大学客員研究員。1982年、大蔵省財政金融研究室主任研究官、1987年、大阪大学経済学部助教授を経て、1996年、慶應義塾大学総合政策学部教授。2004年、参議院議員当選。2005年、総務大臣・郵政民営化担当大臣。2006年、慶應義塾大学教授、同グローバルセキュリティ研究所所長。世界経済フォーラム（ダボス会議）理事、成長戦略会議メンバーなどを務める。『ポストコロナの「日本改造計画」デジタル資本主義で強者となるビジョン』など著書多数。

ます。人と人の信頼感の基盤となる社会的ネットワーク＝ソシオキャピタル（社会関係資本）があったからだというのです。18世紀の終わり頃、ロンドンやパリの人口は50万人、ニューヨークはわずか3万3000人とされていますが、日本の中心地だった江戸は既に人口100万人を抱える大都市でした。狭い国土・地域で、多くの人が助け合いながら暮らしてきた歴史があったからこそ、ステークホルダー・キャピタリズムが根付いたのだと思います。

日本の文化・特性が、SDGsの下地になる

中村：江戸の「支え合い」や近江商人の「三方よし」は、世界的な課題として重視され始めたサステナビリティ（持続可能性）やSDGs（持続可能な開発目標）の下地となるような文化です。これらを生かすことで、日本は国際社会でイニシアチブを取るチャンスがあるのではないでしょうか。

竹中：十分にあります。ただ、今のままでは難しいとも感じています。最近はソシオキャピタルが崩れてきて、サステナビリティを実現するために欠かせない長期的な視点を失いつつあるからです。

一方で、ステークホルダー・キャピタリズムの弱点も根強く残っています。年功序列、終身雇用、そして転勤制度はその最たるものです。「自分が担当している間に多くの変化があっては困る」と考えるから、物事を短期的に判断しがちです。

この状況を打破するヒントは、多様性にあります。別の文化で育ってきた人を企業の中に取り込んでいくことです。そうすることで、組織全体が変わっていきます。

中村：弊社でもそれを実感しています。別組織で経験を積んだ人が加わると、周囲が変わります。

竹中：近年、日本でも中途採用が増えています。2019年には、国内で1日当たり1万人が転職しました。米国は労働者の離職率から算出すると1日7万人、人口規模を勘案すると日本は3万人相当なのでまだ少ないとはいえ、年功序列・終身雇用で働き続ける人は、かつてに比べてかなり減ってきています。

中村：国内企業で人材が多様化することでソシオキャピタル（社会関係資本）が再構築されれば、サステナビリティを実現するために欠かせない長期的な視点も芽生え、数多いリスクの中でも最も長期的な視点が必要とされる気候変動対策の前進が期待できます。

今回の新型コロナウイルスの感染拡大で、人類は十分にサステナブルではなかったと実感しましたが、例えば気候変動はパンデミックのように収束させることはできません。感染症が拡大しているからといって地震が起こらない、台風がやってこないということはなく、リスクは複合化します。サステナブルでレジリエントな社会づくりに本格的に取り組む時がいよいよやってきたと感じます。

「スマート」「サステナブル」「インクルーシブ」が重要に

竹中：新たなリスクに対応するには、新たなテクノロジーの開発も必要ですね。1973年の第1次石油危機は、省エネルギー技術の開発のきっかけになりました。例えば、ブラジルは石油への依存度を下げる決断を下し、ガソリンにバイオマス（生物資源）由来のエタノールを混合することを義務付けました。

では、日本はこれからどうするのか。次世代自動車は水素なのか電気なのか、再生可能エネルギーは太陽光なのか風力なのか。そうした決断を下さなければ、技術は進歩しません。ある時点で政府は明確に方針を示さねばならないでしょう。それが、技術開発とそれに伴う経済発展を促すのです。

中村：ESG（環境・社会・ガバナンス）の3つの観点から企業を分析して投資する「ESG投資」も進んでおり、企業が主体となっての取り組みも必要になってきます。

コロナ対策と気候変動対策は両立しないという声もありますが、私はこれらを両立させるグリーンリカバリー、すなわち新型コロナウイルス感染症の拡大を機に脱炭素に向けた気候変動対策を推進し、生態系の保全を通じて災害や感染症などに対してもレジリエントな社会・経済モデルへと移行していくことで、コロナ禍からの復興を目指すという考え方を実現すべきだと考えています。

竹中：適切なインセンティブ（動機づけ）があれば、グリーンリカバリーは機能すると思います。

欧州連合（ＥＵ）では、目指すべき原則として「スマート（ＩＴを応用した機能・製品・サービス・概念）、サステナブル（持続可能な）、インクルーシブ（包括的。取り残された人がいない状態）」を挙げて政策を推進しています。これら3つは、今後のリスクマネジメントに求められる要素を的確に言い表していると思います。

サステナブルな組織とは、インクルーシブな組織がスマートテクノロジーを導入することで実現するのです。実際に、新しいテクノロジーを活用したリスクマネジメントも既に登場しているのではないですか。

中村：テクノロジーを活用したリスクマネジメントとしては、ＩｏＴ（様々な物がインターネットにつながること）でこれまで不可能だったデータを得たり、ＡＩ（人工知能）を活用したりすることで、リスクアセスメント（リスクを発見、認識し、評価すること）の精度を高めています。ドローン（小型無人機）を飛ばして工場設備の老朽化などを点検する方法は、その一例です。弊社では、自動運転車やドローンを使った輸送に関する実証実験のリスクアセスメントを手がけています。

竹中：ＩｏＴの導入は次世代通信規格「５Ｇ」の普及によって本格化します。日本国内のＷｉ－Ｆｉ（無線ＬＡＮ）のカバー率は、慶應義塾大学の村井純教授によると人口ベースではほぼ

100%ですが、国土面積ベースではまだ60%ほどです。このカバー率が5Gへのシフトと共に拡大すれば、新しいビジネスを展開できる可能性が広がりますね。

「脱・東京一極集中」という社会変革は起きるか

中村：5Gのサービスエリア拡大は、地方創生の後押しにもなります。これから東京一極集中は変わっていくでしょうか。

竹中：今まさに、その綱引きが起きています。

世界全体で見れば、今は知識集約産業が中心となった都市の時代です。都市では多様な出会いや結びつきが生まれることから、コロナ以前は、主たるイノベーションは都市で起こっていました。都市の重要性や魅力は現在も変わりません。

しかし、先ほど申し上げたテールリスクを考えると、人が都市にばかり集まることが必ずしも良いとはいえません。今年に入ってから郊外の家とそこで使う自動車の人気が高まっているようです。ですから、東京近郊の都市が、在宅勤務に適した暮らしやすい街、つまり「在宅勤務タウン」としてアピールすることで、今後発展する可能性が出てきました。

中村：確かに、それは大きな社会変革ですね。

在宅勤務タウンでインターネットの利用が拡大すると、そのセキュリティもこれまで以上に重要になります。積極的に取り組んでいるのは大企業が中心で、中小企業はこれからという状況です。弊社は経済産業省のプロジェクトに参画し、多くの企業のサイバーセキュリティ対策をサポートしています。

竹中：在宅勤務タウンでは、教育と文化が課題となるでしょう。東京との行き来に必要な交通手段の確保に加えて、リモートで十分な教育を受けられたり、文化に触れられたりする仕組みが必要です。

リモートワークにはメリットも多いのですが、課題もあると考えています。会議室などに人が集まる時によく交わされる「ちょっとこれ、お願いします」といったスモールトークが生まれにくいという問題です。

業務すべてをリモート化するのではなく、「リアル＝現実世界の場での対面による業務」と「コンピューターやネットワークといったサイバー空間での業務」の〝ハイブリッド化〟を、適切なバランスで実現すること。これが、これからの企業に求められるのではないでしょうか。

中村：リアルとサイバーのハイブリッド化は、企業活動や地方都市をサステナブルにするための大きなヒントになりそうですね。

地方にはサステナブルな事業を展開している企業が少なくありません。そうした企業をサポートすることは、地方を活性化させることにもつながると考えています。

竹中：ただ残念ながら、1700ほどある地方自治体すべてが元気になるかというと、それは不可能に近い。地方自治体はある程度集約されるべきだと思いますが、日本にはその仕組みがありません。地方自治体の集約を進めるには、中央と地方との間に明確な分権が必要です。

中村：そうした構造改革が必要なのは、国、地方だけでなく企業も同様ですね。

竹中：その通りです。例えば、中小企業にも構造改革は必要でしょう。「中小企業は弱い存在であり、ゆえに保護する必要があるので税率を低くする」という理屈はある程度理解できます。しかし、日本では保護する中小企業の定義が広く、それが企業の生産性向上を阻害している面があるのは確かです。

リスク解決に導く道しるべ＝SDGsのロードマップづくりがカギ

中村：リスクマネジメントというと、「マイナスの状態をゼロに戻す」作業であるといった印象を持たれる方も多いのですが、「マイナスの状態をプラスにしていくこと」「良い方向へ誘導すること」も、リスクマネジメントの一部です。

そうした考えから、弊社では生産性の向上を含む「働き方改革」「エンゲージメント型経営」「健康経営」などの支援も手がけています。

竹中：何かあったときに復元するだけでなく、成長することも視野に入れているということですね。まさに、レジリエントでサステナブルなリスクマネジメントです。

中村：リスクは、社会課題と言い換えることもできます。社会課題は数多く、かつ連鎖的です。それらの解決を図るうえで大きな道しるべとなるのが、SDGsだと思います。リスクとは、サステナブルでないところに存在するからです。

竹中：SDGsについて政策側の話をしますと、日本は2050年にエミッションフリー（二酸化炭素排出量を実質ゼロ）にすると宣言しました。これは勇気のある宣言ですが、問題は目標を設定したのに、それを実現するためのロードマップを描き切れていない点です。

企業側についていては、二酸化炭素排出量の削減に関してその果たす役割は大きいですね。企業には、資金、人材、そしてノウハウというリソースがそろっていますから。

中村：弊社ではTCFD分析という手法により「2100年までの気候変動が企業の成長に与える影響」を分析しており、ロードマップ作成もサポートしています。5年単位で、台風、洪水、熱波など8種類のハザードの影響を、海外を含む拠点単位に分析することができます。

竹中：「GREAT RESET」を掲げるダボス会議でも、企業が重要な役割を担っています。気候変動の問題を解決するためには、やはり企業が率先して動くことが重要だからです。その点でも、リスクマネジメントを専門にするMS&ADインターリスク総研への期待は高まりますね。これからも皆さんのご活躍に期待しています。

第2章
これからのリスクマネジメント

これからのリスクマネジメント

これまでのリスクマネジメントと同様の枠組み・プロセスを維持するだけで企業と社会の持続可能性を高めることはできるのでしょうか？企業を取り巻く環境変化も踏まえて、前半ではこれからのリスクマネジメントを考える上での留意点について、後半では有事に備えた危機管理の要諦について解説します。

企業におけるリスクマネジメントの基本

気候変動、感染症の拡大、技術革新など、企業を取り巻く外部環境は急速に変化しています。国際的な社会・経済情勢も安定的とはいえず、様々な事件・事故・企業不祥事も後を絶ちません。

こうした現状の中、持続可能性を高めるためには、現在のリスクを把握するだけでなく、将来のリスクを予想し、先手を打つ必要があります。このためにはリスクマネジメントの枠組みとプロセスを進化させ続けること、リスクに関する「体制」だけではなく「態勢」を確保する、すなわち、単に仕組みやルールをつくるだけではなく、実際に効果を発揮する状態を確保することが重要となります。

そもそも、リスクとは何を指すのでしょうか。リスクとは「危害の発生確率及びその危害の程度の組み合わせ」というように、損失の予想発生頻度と予想発生規模の積を意味する場合と、損失に限らず「あらゆる不確実性」を指す場合があります。

そしてリスクマネジメントとは、将来の外部環境・内部環境の変化を踏まえて、企業経営に関連するあらゆるリスクを洗い出し、分析評価し、対策を検討実施する、さらにその効果を検証する、というのが基本的なプロセスです。対策にはリスクを小さくするためのリスクコントロール手法や金銭的手当てをしておくリスクファイナンシング手法などがあります。また、時間軸でいえば、リスクマネジメントがリスク顕在化の前と後の双方を対象とするのに対し、危機管理はリスク顕在化以降を対象とし、有事の際の対応に備えた事前準備と実際の対応が中心となります。

全社的なリスクマネジメントについては、企業の中で主にボトムアップ的に実施されるリスクの洗い出し評価するリスクアセスメント(リスクの洗い出し・評価)、リスク対策の検討という実務的なプロセスについて注目されがちですが、これらだけでは不十分です。

実務的なプロセスに加えて、経営層による必要な審議・意思決定を実現し、様々なステーク

ISO 31000:2018 リスクマネジメント一指針

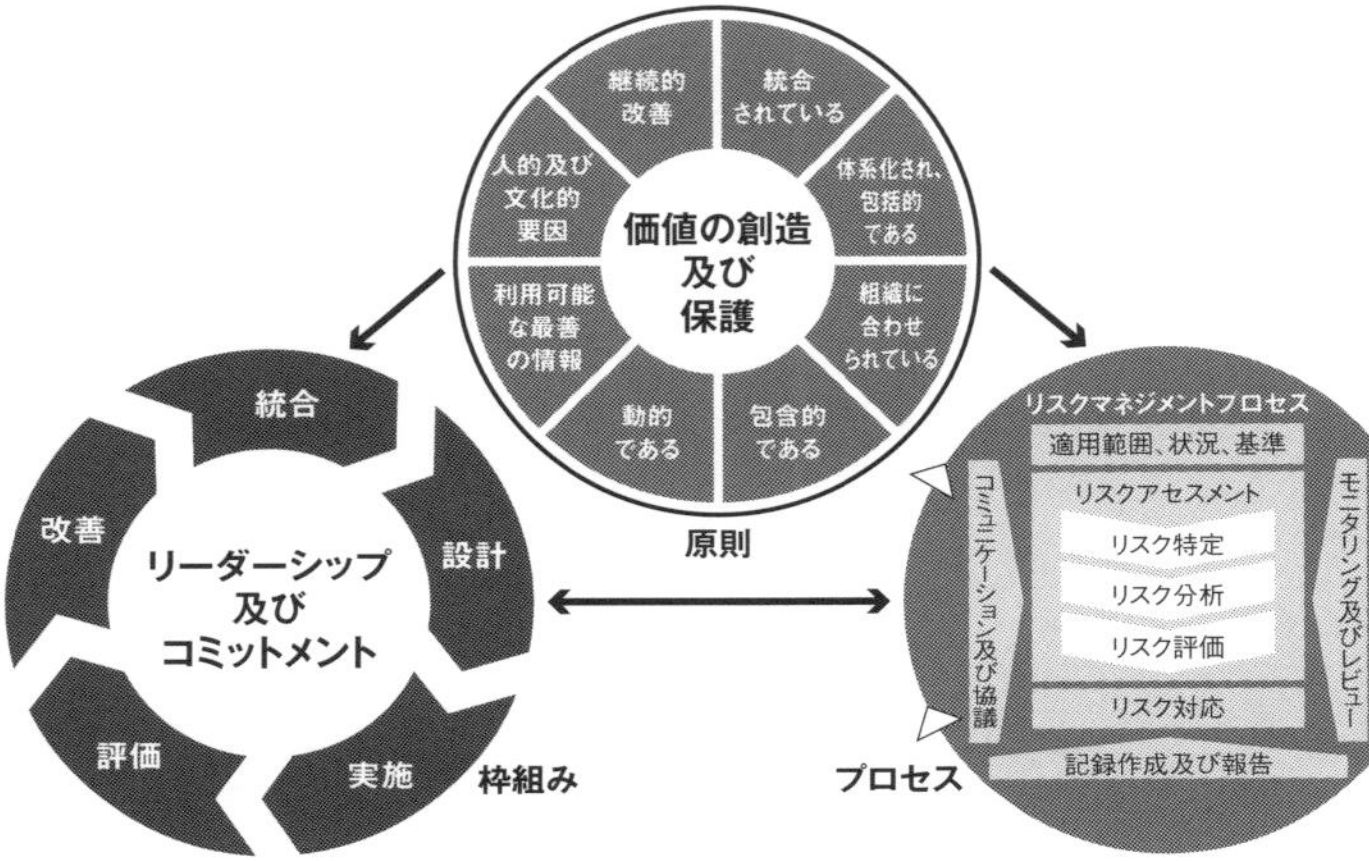

出典：ISO31000：2018 リスクマネジメント一指針

国際規格である「ISO31000：2018 リスクマネジメント 一指針」では、原則・枠組み・プロセスの要点が示されている

ホルダー（利害関係者）にコミットメントするための枠組みも不可欠です。経営トップが、リスクの観点から事業に関する外部環境・内部環境全体を俯瞰《ふかん》して、自社のリスクマネジメントの方針と目標を定め、経営で管理すべき重要リスクを特定して吟味し、経営資源の投入について合理的に意思決定しなければなりません。

日本の会社法では、大会社は内部統制システム構築の基本方針を取締役会で決議することが求められています。その中には「損失の危険の管理に関する規程その他の体制」、すなわち狭義のリスクマネジメントも含まれていますが、具体的に何を定めて実践するかは企業の判断に委ねられています。自社の業種・規模だけでなく、企業風土や文化、様々なステークホルダーの期待を踏まえて、自社固有のリスクマネジメントの在り方を決定し、開示することが肝要です。

リスクマネジメントを進化・深化させる

リスクの大きさや性質は、時間の経過と共に変化するため、最先端の対策を施しても時間が経過すれば低減効果が期待できなくなる場合もあります。サイバーリスク対策を常にアップデートし続けなければならない、新型インフルエンザ用の事業継続計画は新型コロナを踏まえて見直さなければならないなどが典型的な例です。また、このような明らかに変化に気づく場合だけでなく、徐々に変化する安全に関する消費者期待基準や社会における倫理観なども踏まえたリスクの評価と対策の見直しも必要となります。

リスクマネジメントの枠組みやプロセスも定期的に見直すべきです。外部環境と内部環境の変化に伴い、一度決めた枠組みやプロセスは必ずしも最適ではなくなり、改善が必要となるからです。見直しに際しては、自社の取り組みの経緯や主観的な強み・弱みだけに着目するので

21世紀以降のリスクマネジメント（20年間の進化と深化）

- 対症療法的危機管理（リスクが顕在化してから損失拡大防止に取り組む）からの脱却
- CRO（チーフリスクオフィサー）、リスクマネジャーの任命による役割・権限の明確化
- 審議機関などの運営統合・整理（リスクマネジメント・コンプライアンス・環境・品質・安全衛生・情報などの委員会に関する運用の効率化と高度化）
- リスクコントロールとファイナンシングの連動（リスク低減対策後の残留リスクの大きさに応じた金銭的手当ての実施）
- リスクマネジメントに関する説明責任の履行（「事業等のリスク」の開示義務）
- リスク評価の精緻化（取り組み優先度を見極めるための定性的リスク評価から、データに基づく頻度・規模の定量評価へ）
- リスク対策の達成度評価（その他の事業課題と同様にKPIによる定量評価）
- 実践的訓練の普及（危機管理シミュレーション・地震BCP訓練などによる危機管理の実効性向上）
- 稀頻度重大リスクの重視（極めて頻度が低くとも致命的な影響を与えかねないワーストシナリオを重視、次ページの図「稀頻度重大リスクの想定」を参照）
- SWOT分析との連動（外部環境の機会と脅威・内部環境の強みと弱みの将来変化を踏まえたリスク管理の適正化）
- 対象範囲の拡大（本体だけでなくグループ会社を加え、さらに川上のサプライチェーンだけでなく、川下を含むバリューチェーンとしての管理）
- 事業計画との連動（事業計画の達成阻害要因としてのリスクから、事業拡充に向けた投資判断要素としてのリスクへ）

21世紀以降のリスクマネジメントは、経営手法として様々な進化と深化を遂げている

はなく、ベンチマークすなわち他社の取り組みと比較評価の上で検討することをお勧めします。

理想的なリスクマネジメントを実現するためには何から始めればよいのか、というのは最も多い質問の1つです。端的な回答としては、経営者の本気のリーダーシップと有能なブレイン（事務局メンバー）の存在といえます。リスクマネジメントには各社の特性があり、

稀頻度重大リスクの想定

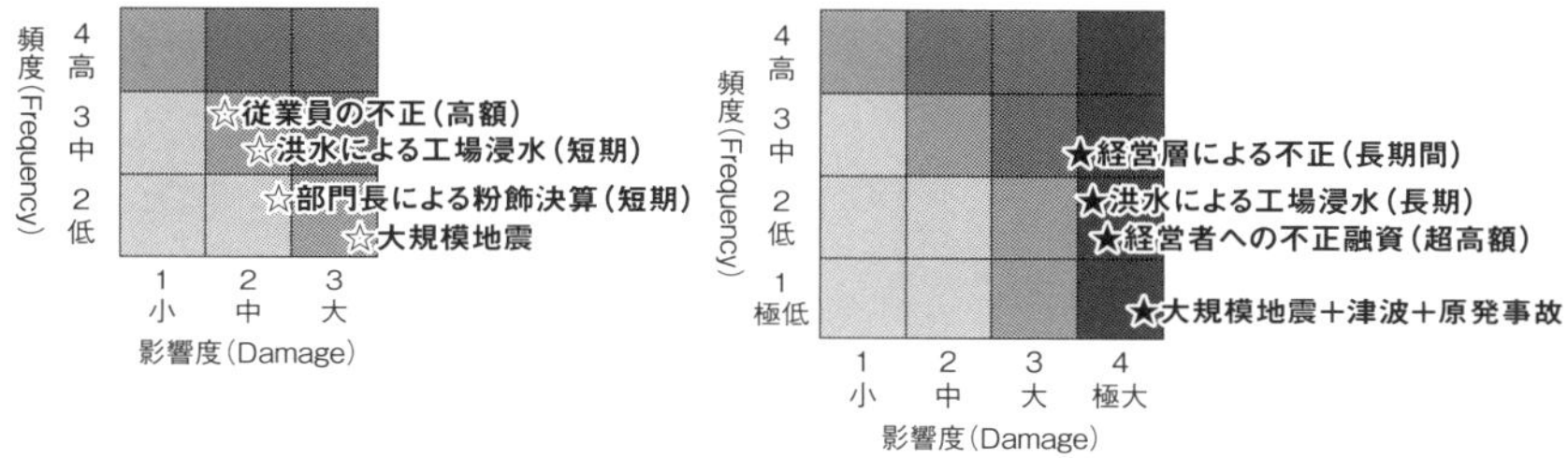

左図ではなく、右図のマトリックスにしたがってリスクの洗い出しと評価を行い、頻度は極めて低くとも影響度が極めて大きいリスクにも着目する必要がある

一概に良い悪いという評価はできませんが、一度大きな失敗をしたことのある企業、外部の意見を取り入れる風土のある企業、挑戦的な事業目標を掲げる企業の方が、優れた取り組みをしている例が多いと認識しています。

リスクマネジメントの高度化を進めている企業の特徴は、リスクマネジメント委員会での審議の局面に表れます。リスクの洗い出し・評価結果などについて客観的な情報を踏まえて対策の在り方を十分に審議する、他社の取り組みをベンチマークしながら自社固有の解決方法を見いだす、新規事業や既存事業拡充に関する経営判断をするため、リスクの総量を把握するなど、客観性を確保しつつ具体的に検討する姿が印象的です。守りを強固にすることこそが攻めの経営に必要であること、様々なステークホルダーにリスクマネジメントについて十分に説明責任を果たすことが信頼関係の醸成ひいては企業価値向上につながることなどを認識しているが故の事象です。

企業を取り巻くリスクは時代と共に変化している

気候変動リスクに代表されるような自然環境の変化だけでなく、技術の進歩・社会的価値観の変化などに伴い、企業を取り巻くリスクも質量共に変化しているため、これらを踏まえて対応策を検討しなければなりません。

■炭化水素の採用（新規性と安全性に関する課題）

１９９０年代後半、温暖化ガスであるフロンガスが使われている冷蔵庫について、環境負荷低減を目的とした代替候補に炭化水素が挙げられました。たしかに炭化水素は環境負荷低減の観点からは効果的ですが、漏洩すれば一定の条件下で引火爆発することがあります。このため、国内家電メーカーは、冷蔵庫の構造を工夫して漏洩リスクを小さくするとの判断をしました。これまで社会的に許容されていたことも許容され続けるとは限らず、社会の環境リスクを低減させつつ、安全性も確保するという判断を迫られることもあるということです。

電池についても同種の課題が潜んでいるかもしれません。発火リスクのあるリチウムイオン電池の代替候補である全固体電池は、安全性に関するリスクはより小さいといわれています。しかし、潜在的な問題点が明らかになる可能性や安全性や品質確保のためのさらなる工夫が必要となる可能性は完全には否定できず、今後の社会実装に向けての判断を見守る必要があります。

■品質などに関する偽装問題

多種多様な製品・食品・原材料・機械設備などについて品質や検査について偽装を行い、後にそれが発覚して社会問題化する事例は数多く発生しており、いまだに終わりを迎えていません。このような偽装は、様々な類型の社内不正の1つの形態であり、動機・機会・正当化の3要件がそろって初めて発生するといわれています。例えば、自動車メーカーの完成車の無資格検査事案でいえば、有資格者だけの検査では納期に間に合わない（動機）、有資格者の印鑑は無資格者が借りて捺印することができる（機会）、無資格者といえども相応の検査能力はある（正当化）、というものです。このような不正は、当局の検査や内部監査により発見されるだけではなく、内部通報制度の利用により発覚することが少なくありません。法令違反は影響の大小や悪質性の有無にかかわらず、看過すべきではありません。社会の公器である企業が誠実であるべきとの価値観は過去に比べさらに高まっています。いまや不正に関する情報を墓場まで持っていくことはできませんし、持っていってはならないことでもあります。早期に膿《うみ》を吐き出して是正措置を講じる他に手立てはありません。

■トロッコ問題（倫理の重要性と解決困難なジレンマ）

古くからある倫理的な問題を考える題材としてトロッコ問題があり、ＡＩ（人工知能）の進化などの技術革新に伴い、改めて着目されています。

山の上から無人のトロッコが下ってきており、放置すればその先で気づかずに作業をしている5人をひいてしまいます。それに気づいた分岐点近くのあなたが線路を切り替える操作をすれば、5人は助かるが、切り替えた先の1人をひいてしまいます。この場合、多くの人は切り替えて5人を助け1人を犠牲にすることを選択します。

類似のケースとして、同様にトロッコが下ってきており、5人が気づかずに作業をしています。分岐点はないが、あなたが手前の線路近くにいる大きな人を背後から線路に突き飛ばせばその人はひかれるが、トロッコは脱線してその先の5人は助かります。このケースでは、大きな人を突き飛ばすことを選択しないケースが多いようです。倫理的な見地から、切り替えることと、突き飛ばすことは正しいのか誤りなのか、唯一の正解はありません。

このようなジレンマについて、自動運転を司るＡＩにどのような判断基準を学習させておけばよいのか、という問題があります。走行中の自動運転車の目前に高齢者と幼児が同時に飛び出してきて物理的にどちらか一方しか回避できないとき、高齢者と幼児を認識したＡＩはどのような判断を下すべきなのか、ということです。

さらにいえば、このような判断についてブラックボックス化することが許されるのかという問題もあります。ＡＩ倫理については多くの学会・研究機関・企業で検討されており公表されているものもありますが、このような倫理的ジレンマに関する唯一の正解は存在しません。技術革新により解決される課題や低減されるリスクは多数あるのですが、同時にこのような新たなリスクへの対応を考えていかなければならないのです。

リスクマネジメントに関する役員の責務

企業のリスクマネジメントについて、かつては法令の具体的な定めがなく、株主代表訴訟判決で役員に要求される善管注意義務が示されるにとどまっていました。例えば、大手銀行の海外支店の行員が米国債の不正取引で約11億ドルの損失を会社に発生させた事例について、支店長であった役員に対して「会社経営の根幹に関わるリスク管理体制の大綱については、取締役会で決定することを要し、業務執行を担当する代表取締役および業務担当取締役は、大綱を踏まえ、担当する部門におけるリスク管理体制を具体的に決定すべき職務を負う」として責任を認める判決が出されました。

その後、2006年5月に施行された会社法では、大会社など一定の要件に当てはまる場合は取締役会で内部統制システム構築の基本方針を決議することが義務付けられました。この内部統制システムの中に、損失の危険の管理に関する規程その他の体制（狭義のリスクマネジメント）、使用人の職務の執行が法令及び定款に適合することを確保するための体制（コンプライアンス）などが規定され、これらを企業集団として整備することが求められるようになりました。

ただし、会社法・会社法施行規則において、リスクマネジメントについて何をどこまですべきか具体的な内容が決められているわけではありません。具体的な内容については企業自らが検討し、判断しなければならないのです。

これに際して有効なのが、ベンチマーク結果と外部専門家の意見を踏まえた検討です。複数社の公開情報を横並びにして比較するだけで強みと弱みは容易に見当付けができますし、多数の経験やノウハウを有する専門家であれば、自社固有の事情を踏まえた最適な手法を指南してくれるはずです。

リスクマネジメントの実践に際しては、株主代表訴訟判決における「経営判断の原則」の考え方が大変参考になります。事件・事故・企業不祥事により、会社に損害が発生した場合、それは役員の善管注意義務違反によるものであるから、役員自身が会社の損失を埋め合わせするように株主が求めるのが株主代表訴訟の基本的な構図です。

この善管注意義務とは、会社と役員が委任契約の関係にあることから役員が負う義務であり、会社経営を行う上で、役員は役員の地位にある者ならば当然と考えられる注意を尽くさなくてはならない、とされています。一般人の注意義務に比べて要求レベルは高いのですが、決して結果責任を負うものではありません。

また、経営判断の原則3条件（次ページの表参照）が整えば、裁判所としては「善管注意義務違反」とは判断しないという考え方も定着しています。

リスクマネジメントにより、事件・事故・企業不祥事による損失発生のリスクを完全に回避することはできませんし、損失発生のリスクを一定許容することが重要な局面もあります。その際に必ず認識しておきたいのがこの「経営判断の原則」の考え方です。弊社がリスクマネジメントのコンサルティングを実施する際にも、お客さまのリスクマネジメントの枠組みとプロセスの運用、それらに基づく判断結果が、少なくとも経営判断の原則に照らして問題はないといえるかという視点は欠かせません。

「善管注意義務違反」に問われないための経営判断の原則3条件

条件1 経営判断の前提となった事実の認識について不注意な誤りが無かったこと（前提事実の正確な認識）

条件2 意思決定過程において著しい不合理が無かったこと（意思決定プロセスの合理性）

条件3 判断をした時の経営情勢・業界の取引状況、その他の客観的事情の基において、当該判断の内容が、著しく合理性を欠いていると認められないこと（意思決定内容の合理性）

想定外を想定するワーストシナリオの策定手法

重大な事件事故が発生した際に、関係者がしばしば使うのが「想定外」という言葉です。たしかに関係者が想定していなかったという点においては「想定外」ではありますが、客観的に評価してもなお「想定外」であったのでしょうか。

比較的に予想発生頻度が高くても予想発生規模が小さいリスクについては、対策を講じてリスクを低減せず、保有してしまうという選択肢もあると思います。一方で予想発生頻度が極めて低い、もしくは判然としなくても、予想発生規模が巨大なリスクについては、企業の存亡に関わることや社会的に重大な影響を与えることが考えられるため、ワーストシナリオを想定し、しかるべき予防対策・減災対策・緊急時対応策などの対策を講じておく必要があります。

ではこのワーストシナリオはどのように作成するのでしょ

うか。大まかに申し上げると、企業の業種ごとに過去発生した典型的な重大事故を複数抽出して、原因から損害発生・拡大までのメカニズムを要素分解します。これらの中から、さらに重大な被害をもたらしかねない要素を選択して再構成し、必要に応じて負荷をかける（損害が拡大しやすい環境を設定する、損害がそれ以上拡大せずに済んだ要素を除外してしまうなど）という手順を踏みます。

このような手法により、ワーストシナリオを想定して対策を講じた後に、同業他社でこのワーストシナリオ同様の事故が実際に発生した例は少なくありません。大規模鉄道事故、原油流出事故、食品テロ事件などがその例です。ワーストシナリオを構成する要素のすべてについて対策を講じなくとも、シナリオ展開の比較的初期段階で連鎖を断ち切る（ある要素をなくす、減らす、止める）ことにより最悪の事態への発展を防ぐことができます。

また、ワーストシナリオを想定して緊急時対応計画や事業継続計画を策定した上で、危機管理シミュレーション訓練を実施しておくことは迅速かつ適切な対応のために非常に有効です。想定したシナリオと全く同様のシナリオが発生することはまずありえませんが、どのようなリソース（人・物・資金・情報・ノウハウ）が必要となるかが明確になります。想定シナリオと実際に発生したシナリオを比較すれば、既存計画の内容をそのまま使う、応用して使う、省略するなどの判断は容易であり、切迫した環境の中で、迅速かつ適切に対応することが期待できます。

「対岸の石」プロジェクト

リスクの洗い出し・評価・対策の検討などに際して、他社で顕在化した事例を教訓として、自社の実態を見直すことは有益な手法です。この際に重要なのは、同業他社の事例のみに着目するのではなく、他業界の様々な事件・事故・災害・不祥事なども活用することです。表面的には自社に関係のない事例に思えても、その直接的原因・誘因・素因などを分析すると自社に活用可能であることが分かるはずです。また、発生後の対応の巧拙についても同様のことがいえます。

他社の事例を「対岸の火事（自社には関係なく影響もない）」と考えるのではなく、「他山の石（他人の山にある質の悪い石でも玉〈＝自社〉を磨く上で役に立つ）」と認識することが大切であり、さらに他山が対岸にあったとしても積極的に教訓として取り入れるべきだという考えに基づき「対岸の石」プロジェクトと称して、他社事例をリスクマネジメントの見直し・高度化に向けて有効活用している企業もあります。

1つの他社事例から学ぶ教訓だけでは、決して自社の見直し材料としては十分ではありません。しかし、他社事例を教訓とする取り組みを10年間着実に続けると網羅的な検証ができていることに気付かされます。まさに継続は力なりということです。

事業の持続可能な発展に向けたリスクマネジメント

リスクマネジメントは単に損失発生の可能性というリスクを小さくするだけでなく、事業の安定的な発展に有効な経営手法でもあります。

全社の事業を俯瞰《ふかん》してリスクマネジメントに関する自社方針についてコミットメントし、リスク対策の実践により損失発生可能性を最小化することで、信用力の維持向上ひいては企業価値の向上につながり、それらによって確保された経営資源を事業拡充のために投入する余力が生まれます。このような正のスパイラルを生み出す重要な要素となるわけです。ここでいう経営資源とは、金銭的資源はもちろん人的資源その他を含みます。リスク顕在化後の処理で右往左往する状態と、リスクコントロールを実践して積極果敢に事業拡充に挑戦する状態の差異は容易に想像できるはずです。

新規事業進出・既存事業拡充を検討して判断する局面においてもリスクマネジメントは重要といえます。事業計画の阻害要因に着目するだけでなく、予想以上にマーケットが拡大し需要が急増する、為替変動により利益が積み増しされるというポジティブな振れ幅についてもリスクとして捉えることが必要です。順風満帆な事業計画案を上程するだけでなく、将来の環境変化予測に基づき事業計画の達成可能性を審議し、モニタリングポイントを設定し、さらに撤退基準を厳格に定める例は増加傾向にあると思われます。しかし、この事業計画達成の阻害要因となるクリティカルな事象を検討し、十分なリスク対策を講じている事例は決して多くないと感じます。経営環境が厳しさを増し、複雑化する中においては、前述の経営判断の原則を念頭に置きつつ、合理的な判断をすることはもちろん、そのレベルにとどまることなく、経営者の経験と勘に頼り過ぎることのない客観的に妥当性が確保されたリスクマネジメントが重要性を増しているのです。

以上の通り、様々な創意工夫によりリスクマネジメントを進化・深化させて、真価を発揮する、すなわち様々なステークホルダーの期待に応え、企業と社会の持続可能性を高めることが求められているのです。

危機管理の要諦

本章冒頭で述べた通り、リスクマネジメント全体の中で、危機管理はリスク顕在化以降を対象とし、有事の際の対応に備えた事前準備と実際の対応がその中心となります。

事前準備としては、①危機管理基本規程により有事の際の基本的な方針、②役割や権限を定める、③主要なリスクについては緊急時対応計画を定めて想定シナリオに基づいて各部門が実施すべき事項を時系列で整理しておく、④危機管理広報の基本ノウハウを文書化しておく、⑤これらを踏まえて経営トップ以下が参画してブラインドシナリオ（シナリオ展開を事前には知らせない）による危機管理シミュレーション訓練を行い緊急時対応の実践能力を向上させ必要に応じて是正措置を講じておく、などの取り組みが挙げられます。模擬記者会見は有効ではありますが、迅速かつ適切な判断や行動を実現して説明責任を果たすためには、会見テクニックの巧拙だけではなく、会見に至る前段階の本質的な判断や対応こそが重要であることは忘れてはなりません。

緊急時対応の実践

有事の際の実際の対応は困難を極めるのが常であり、平時における業務遂行とは異なった対応が求められます。様々な種類の危機が想定されますが、それらに共通する実務上の留意点（次ページの表「緊急時対応の要点」参照）について、数々の対策本部支援の経験を踏まえて説明します。

事実確認・緊急措置

・危機の端緒をつかんだら、即座にしかるべきメンバーで情報共有すること。直ちに経営トップ以下の緊急時対策本部を立ち上げることが現実的でない場合においても、速報だけは実施し、事業部門だけでなく、危機管理所管部門、総務部門、法務部門、広報部門などを加えて対応協議することが大切です。特に法務・広報などに関する知見が不足することにより、初動対応方針を誤ることのないようにするためです。

・事実や原因を把握するために多角的な手法を検討すること。三現主義（現場・現実・現物）が大原則ですが、過去の事実が今判明しかけている場合は実現困難であり、立ち返って

緊急時対応の要点

事実確認·緊急措置
- 危機の端緒をつかんだら速報する
- 事実確認のため多角的な手法を用いる
- 事実を客観的に把握して評価する

危機対応準備
- 原因究明に最善を尽くす
- 事案の性質に応じた専門性を確保する

基本方針決定
- 基本方針を明文化する
- 公正かつ透明を意識する
- 重要な意思決定にセカンドオピニオンを活用する

具体的対応策の検討実施
- ステークホルダー別ToDoリストを作成する
- 時間軸を意識する
- 情報を一元管理し指揮命令系統を確実にする

情報開示
- 開示情報マスタープランを作成する
- 説明責任の要所を押さえる

確認しなければなりません。外部で発生した事象であってもそれに関連する重要事実が既に内部にあることが多いことにも気を付けるべきです。また、点・線・面を意識すること、つまり判明した事実が、その時その場所(組織)だけで発生した事実なのか、同様の事象が過去から続いているのか、それ以外の場所(組織)でも生じているのかという視点を欠かしてはなりません。

・過去の経験に拘束されず、事実を客観的に把握して評価すること。突発的に発生した物理的な事故は危機的な状況であるか否かの判断がつきやすいのですが、徐々に悪化しつつある不具合や不正可能性の一部をつかんだ場合は、軽視することなく、徹底的に事実の把握に努めなければなりません。

危機対応準備

・事実の把握の後もしくは並行して原因究明に最善を尽くすこと。原因究明のプロセスにおいては、理論的に考えうるすべての可能性を列挙してから、合理的な理由に基づいて絞り込むこと、科学的に絶対に誤りのない証明を追求することに終始するのではなく、高度の蓋然性(常識的に考えて8割方まず間違いないというレベル)に基づいて判断と行動を進めることなどに留意が必要です。早合点は禁物ですが、絶対に誤りのない証明の追求に終始することにより、社会一般の感覚からすれば大幅な遅延を招き、隠蔽と認識され、さらなる信用失墜につながることが危惧されます。

・事案の性質に応じた専門性を確保すること。企業にとっては最重要の課題ですので機密事項として扱うべきではありますが、社内に専門性が不足している場合や、誤った企業の論理によって適切な判断が困難な場合は、外部の専門家による助言を早期に得ることをお勧めします。以降の方針決定や対応策の決定の段階で、専門的知見の不足による不具合があることが判明した場合は、さらなるダメージが発生するからです。

基本方針決定

・基本方針を明文化すること。人命救助、被害者救済、説明義務の履行など、どのような危機にも共通する価値観があるのと同時に、当該危機固有の事情も必ず存在します。経営幹部層のあうんの呼吸ではなく、実務責任者以下も含めて一枚岩となって危機に対処するには、迷った時に立ち返る基本方針が不可欠です。

・公正かつ透明を意識すること。誤った企業の論理に基づくことなく、常に社会目線や消費者目線を意識して、シンプルに考えることが大切です。例えば、欠陥製品を流通させたことが判明した場合、リコール（製品回収）するコストよりも賠償金の方が安く済むと考えるのではなく、そのような判断は家族や友人に後ろ指を指されないか、その製品を家族に使わせることはできるかと考えるべきだということです。

・経営者が重要な意思決定をするに際してはセカンドオピニオンを活用すること。多くの経営者は様々な経営課題について、経験に照らして瞬時に適切な判断を下すことができます。しかし、危機的状況下においては、判断の前提となる情報が一部不正確である、判断の根拠となる経験に乏しい、時間的な制約が厳しい、肉体的・精神的な負荷が大きい、その他の理由により、適切な判断が困難な状況となることが少なくありません。このような場合に判断の適切性を確保するには、当初の意思決定案に対して、あえてセカンドオピニオンを立案して比較検証することが現実的な手法として有効です。

■具体的対応策の検討実施

・ステークホルダー別ToDoリストを作成すること。縦軸に時系列・横軸にステークホルダー・実施部門と責任者を置いたマトリックスで基本的実施事項を記した一覧表を作成し、実施状況を管理します。この一覧表は前述の緊急時対応計画として作成済みであれば有事の際に活用可能ですが、作成済みでない場合においても必ず早い段階で作成する必要があります。やるべきことを漏らさず、後手による失敗を防ぎ、効果的効率的に対応するためには不可欠なツールです。

・時間軸を意識すること。危機管理において迅速性と適切性の確保はセオリーです。個々に適切な対応策が検討されていても、迅速性を損なえば、全体として様々なステークホルダーの信頼をさらに失墜することになります。やれることを順にやるのではなく、ゴールから逆算してやるべきことをやるという考え方は特に重要となります。

・情報を一元管理し指揮命令系統を確実にすること。ＩＴの進化により、対策本部メンバーが各所に居ながらにして情報を共有して審議することは可能ですが、やはりＩＴを活用しつつも、「ここに行けばタイムリーにすべての情報が把握できる」という場所（リアルの対策本部）はなくてはなりません。情報トリアージ（triage、優先順位を判断すること）・課題抽出管理の機能は専任要員を配置し、対策本部長や事務局長は全体を俯瞰《ふかん》して大所高所からの判断に集中する状態を創出することが肝要です。

情報開示

・開示情報マスタープランを作成すること。プレスリリース文書、記者会見での配布用文書、取引先や社内向けの説明文書・当局への説明文書などをバラバラに作成し、非効率かつ不正確となる不具合事例をこれまでに数多く見てきました。判明したすべての情報と自社の対応や

チェックポイント

❶ 誰に何を謝るのか?
❷ 本当に伝えたいことは何か?
❸ 今後のワーストシナリオ展開は?
❹ 法的責任・社会的責任に関する評価は誰がどのように行うのか?
❺ 不確実なことは発言しないのか?(高度の蓋然性)
❻ 被害拡大の防止・被害者の救済はどのように実践するのか?
❼ 本当の原因(直接的原因→誘因→素因)と再発防止策は何か?
❽ 経営トップの進退・関係者の処分はどのように決めるのか?

謝罪会見の直前リハーサルの際、このチェックポイントを使って最終確認をする

考え方をすべて盛り込んだマスタープランを用意して常時更新しておき、随時、必要部分を抽出するという使い方をすることにより、このような不具合は避けることができます。

・説明責任の要所を押さえること。特にスポークスパーソンに必要な情報や知識を付与するだけでなく、当該事案に対する基本的な考え方を再確認し、タブー(あってはならない失言)を再認識することは必須です(上の「チェックポイント」参照)。危機的状況下においては被害拡大防止・被害者救済・再発防止など様々な重要課題がありますが、これらについて十分に検討実施しているにもかかわらず、説明責任を果たす際に不適切な対応をして、さらなる信用失墜につながる場合があります。

最低限の説明だけをした後は記者の質疑があれば応答する、特定のスポークスパーソンに役割を多く与え過ぎるなどの準備状況は不適切な対応を招く原因となります。直前準備とリハーサルが重要であると同時に、何よりも危機管理シミュレーション訓練により、初動対応から情報開示までの一連の疑似体験を平時から実施しておくことが大切だといえます。

緊急時対応における落とし穴

本質的かつ重要な論点において、有能な経営者を含む対策本部メンバーが真剣に検討したにもかかわらず、誤った判断に至ることがあります。その原因としては、正常性バイアス（客観的には重大事であるにもかかわらず、自然なバイアスにより正常と誤認する人間特性）や集団思考（組織への忠誠心が高い集団は、正誤にかかわらず一致を志向するという特性）などが挙げられます。

これらは人間の特性によるものなので、完全に排除することはできません。このため、有事の際にこそ立ち止まって考える、今自分に正常性バイアスが影響していないか、今自分たちは集団思考に陥ろうとしていないかと検証し続けなければなりません。

ロジカルシンキングに基づけば、対策案の論理構成に誤りや矛盾はないように思える、でも何かがおかしいかもしれないと気づいた際、クリティカルシンキングに基づいて、対策案の要素ごとに客観的な裏付けや根拠を考えた上で再構成すると、おかしくない本当の対策が見えてくるという思考パターンを身に付けておくと、有事の際に必ず役に立ちます（ロジカルシンキングとクリティカルシンキングについては、第5章を参照）。

有事の際には判断に迷うこと、指揮命令においてためらうことは必ずあるといっても過言ではありません。万能薬や特効薬はないのですが、意識すべきは、公正かつ透明（フェア&オープン）な正論を選択することです。短期的には事後の損失を最小化できるように思える選択肢や特定のステークホルダーに着眼すれば優れている選択肢であっても、中期的には必ずしも最適といえる選択肢ではないことがあります。これらに惑わされることなく迅速かつ適切に判断するためには、「対策本部がガラス張りであり審議内容を様々なステークホルダーが聞いている、それでも恥ずかしくないか」「今選択しようとしている対策について仮に家族が利害関係者であった時に自分は納得できるか」「今自分が考えていることは家族に胸を張って説明できるか」という極めてシンプルな自問自答が、本質的かつ重要な判断を助けることになるはずです。

（MS&ADインターリスク総研　取締役　上席フェロー　田村直義）

第3章
最新リスクへの対策

サイバーリスク

新型コロナウイルスの感染拡大とともに浸透した在宅勤務。その普及に伴い、企業のネットワークを標的にしたサイバー攻撃が増えています。標的型メール攻撃やランサムウエアなどの最新型のサイバー攻撃を防ぐには、専門サービスを有効活用する必要があります。

サイバー攻撃による被害は年々増加傾向にあり、サイバーリスク対策は今や重要な経営課題の1つです。

2020年は、サイバーリスク対策の重要性を痛感させられた年でした。新型コロナウイルスの感染拡大により多くの企業が在宅勤務の導入を余儀なくされ、その普及に伴い、企業のネットワークを標的にしたサイバー攻撃が増加したからです。

企業の内部データといった機密情報はこれまで、境界防御と呼ばれる手法によりファイアウォールなどに守られた〝城〟の中にあり、そこへのアクセスは原則、内部からしかできませんでした。そのため、企業は限られた〝(自社ネットワークへの)出入り口〟だけを見張っていれば、

土井 剛
MS&ADインターリスク総研
新領域開発部長
主席コンサルタント

不正なアクセス・攻撃を防ぐことができていました。

しかし新型コロナウイルスの感染拡大を受けて多くの企業が在宅勤務を導入したことで、従業員の自宅という〝社外〟から社内ネットワークにアクセスする割合が急増しました。これに伴い、これまでファイアウォールに守られた〝城〟の中にあり、主に内部（社内のネットワーク環境）からしかアクセスできなかった機密情報に外部からアクセスする手段が増えたことにより、企業の機密情報という〝お宝〟が奪われるリスクが増加しています。在宅勤務の普及が結果的に、サイバーリスクを高めたといわれています。新型コロナウイルスの感染拡大が顕著になる2020年初頭の時点で在宅勤務に耐えうるネットワーク環境・システムを整えていなかった企業、特に中小企業では緊急的に対応を実施したところが多く、サイバーリスクにさらされるケースが多いようです。

猛威を振るう「標的型メール攻撃」

こうした社会情勢の変化を受け、サイバー攻撃は一段と増加しています。攻撃者からすると、境界防御に穴が見つけ易く、一度穴を開けて入ってしまえば、重要なデータを探しやすい今が、攻撃の好機なのです。

警察庁が検知したネットワーク上の不正アクセス件数

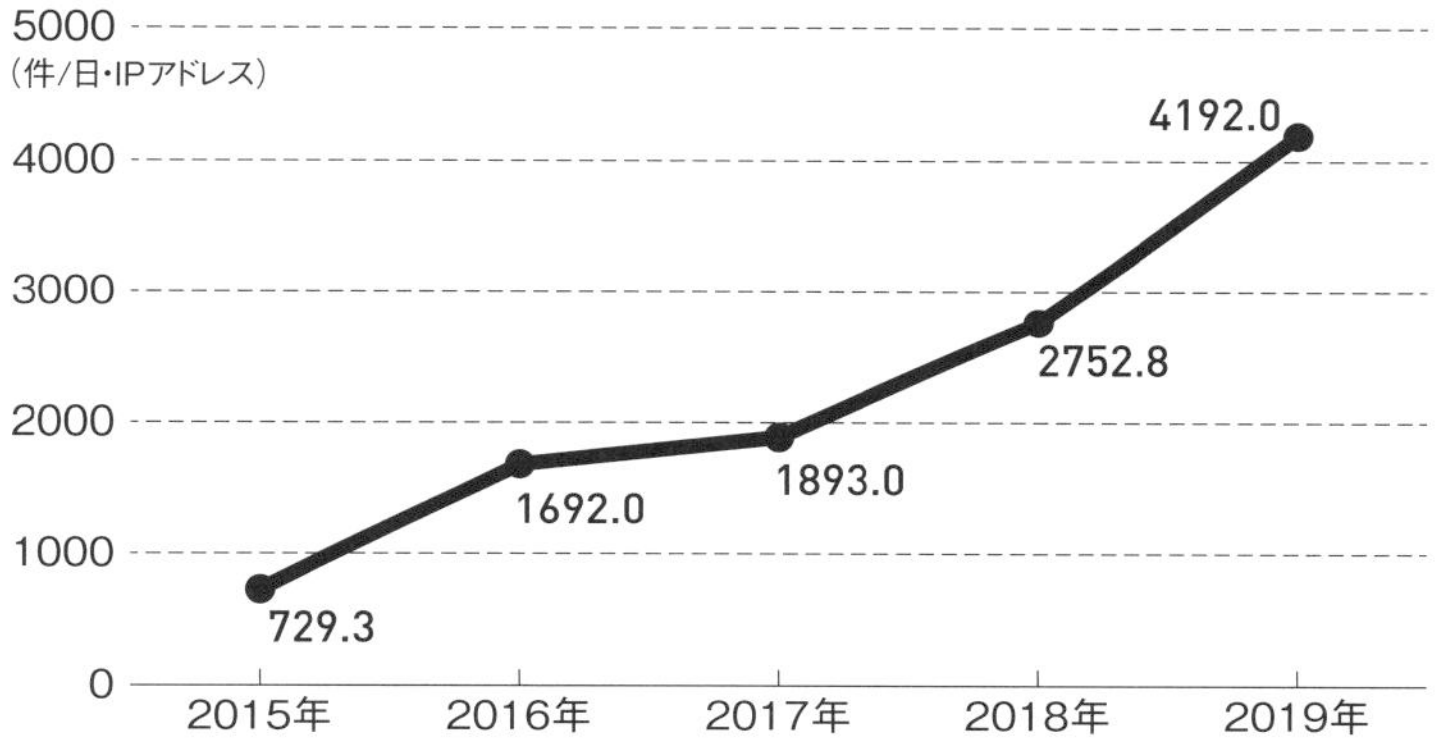

出典:令和元年におけるサイバー空間をめぐる脅威の情勢等について

警察庁が検知したネットワークへの探索行為を含む不正アクセス件数は、2019年に1日・1IPアドレス当たり平均4192件で、年々増加傾向にある

攻撃者は、企業の管理するサーバーやパソコン、ネットワーク機器、カメラ、プリンター、社外から接続するパソコンやスマートフォンなどに、入り込む〝足場〟がないかを探します。外部から〝城〟を眺め、〝開いていたり割れていたりする窓〟がないか、探すのです。見つかればそこを足がかりに城内へと忍び込みます。こうした攻撃者による〝割れ窓探索行為〟が、コロナ禍以降増え続けているという報告も多数出ています。

標的型メール攻撃も、猛威を振るっています。標的型メール攻撃とは、何者かを装って電子メールを送付し、受信者に添付ファイルやリンク先を開かせようとするものです。

標的型メール攻撃の中でも、特に2019年8月末からは「エモテット」と呼ばれるタイプが増えています。パソコンがこれに感染すると、ドキュメントファイルや圧縮形式ファイルを添付して、勝手にメールを送付します。受け取った側がそのファイルを開くと、そのパソコンも感染します。

この「エモテット」は、メール受信者がファイルを開くという行為により感染し、感染者が過去にメールのやり取りをした相手に、感染者になりすまして「エモテット」を添付したメールを送付することで、さらに感染者が拡大しています。2020年8月頃からは、日本で添付ファイルを暗号化ZIPで送る慣行に対応した、暗号化ZIPによる「エモテット」の感染拡大も報告されています。

それらも一因として、日本ではデジタル行革担当相が2020年11月、霞が関の省庁でそれまで行われていた「添付ファイルを暗号化ZIPファイル化して送り、そのパスワードを別送する」というメール送信方法を中止しました。しかしこの送付方法を採用している企業はいまだ多く、添付された暗号化ZIPファイルに対しては技術的なスキャン(ファイルを分析し、マルウエア感染を判定すること)ができず、セキュリティのために導入した暗号化ZIPが、セキュリティの強度を下げている、という皮肉な事態が発生してしまっています。

ニューノーマルでは誰も信頼しない「ゼロトラスト」が主流に

こうした状況を考えると、今まさに私たちが経験しているニューノーマルの時代（従来にはなかった新しい価値観・生活様式が生まれ、世界にとっての転換期となる新時代）には、サイバーリスク対策をこれまで以上に進化させていく必要があります。弊社ではこうした変化に迅速に対応し、サイバーリスクに対応する企業向けにサービスメニューを用意しています。標的型メール攻撃についても、攻撃を受けたケースを想定し、どう対応すべきかを学べる実地訓練の導入など様々なサービスを提供してきました。

また攻撃手法や環境の変化に合わせて効果がある訓練になるよう、見直しを行ってきました。例えば標的型メール攻撃の場合、当初は、正体不明の添付ファイルやリンク先が添えられたメールを受け取った人が、それを開いたか否かという「開封率」をチェックしそれを周知することで〝開封しない習慣〟を定着させること、つまり防御を中心に考えていました。しかし、「問題のファイルやリンクを開いたことにいち早く気付くにはどうすればいいか」「それらを開いた後に当人がしなければならないこと、周囲の人がすべきこと」への対処法を知る機会を増やすなど、「検知」や「初動対応」に訓練のフォーカスを変更しています。

対処法を知る機会を増やすだけでなく、行動経済学の理論を応用し、訓練の目的などの説明について「読んでみようかな」と思わせたり、「サイバーリスクについて学びたい」「他の人にも説明したい」と思わせるような、「ナッジ（nudge）」と呼ばれる手法を用いたモチベーションを刺激する研修プログラムも提供しています。ナッジとは、「ひじで軽くつつく」といった意味で、行動経済学では、ちょっとしたきっかけを与えて人の行動を変えることを指します。

これまでにも述べてきたとおり、攻撃者に利用されそうな〝窓〟をチェックし、外部からの侵入を防ぐことに集中していた「防御一辺倒」のセキュリティ対策から、これからの時代は、〝窓〟のメンテナンスに加えて〝窓〟から侵入されることを前提に、〝城〟の内に幾重ものチェック体制を敷く必要があります。

その体制は、国際空港に敷かれたチェック体制に似ています。国際空港では、チェックインや保安検査場、出国審査ゲート、搭乗ゲートなど、あらゆる場所とタイミングでパスポートや搭乗券の提示が求められ、本人確認が行われます。

こうすることで、保安検査場や出国審査ゲートを通過した後でも、「そこにパスポートや搭乗券を持っていない人、他人になりすました人がいる」という前提で、空港内にいる人がアクシ

被害が最も大きかったサイバーセキュリティ事故内容（2019年）

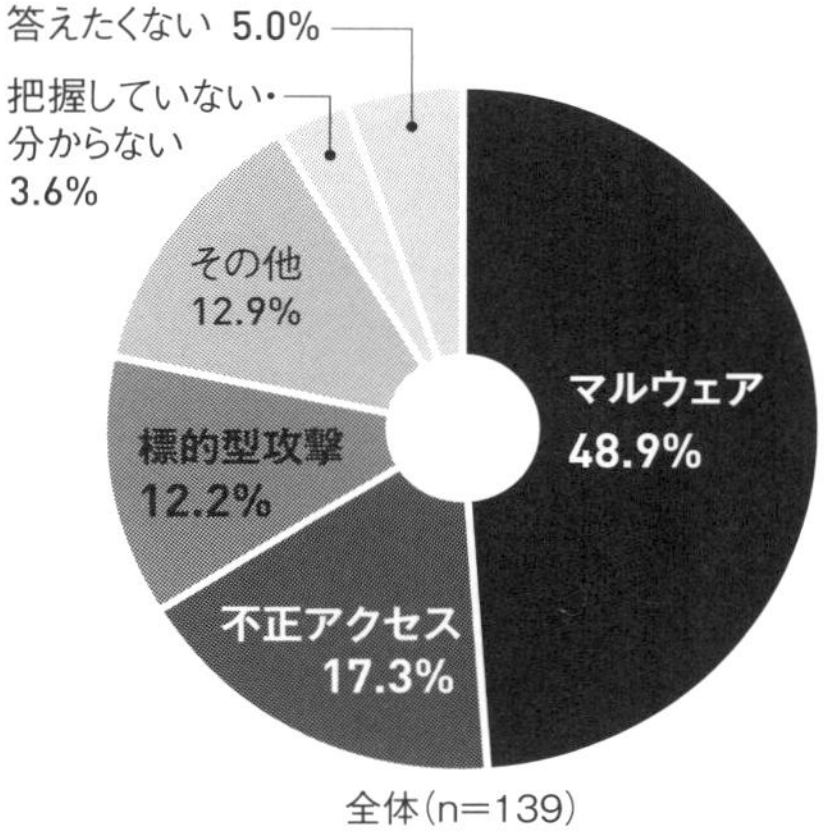

【調査概要】

調査方法	質問紙郵送法（ウェブ回答併用）
対象企業	1万社（業種別に無作為抽出） 東洋経済新報社が発行する「日本の会社データ4万社（(1)基本データ）」から業種別に無作為抽出した企業
有効回答	総回収数：644件 有効回答数：634件（回収率：6.3%）
調査期間	2019年11月13日発送完了～11月末日

MS&ADインターリスク総研が2019年11月に実施した調査では、「サイバーセキュリティ事故が発生したことがある」と回答した139社のうち12.2%が、標的型メール攻撃により被害を受けていた

ョンを起こす度に、本人であることを確認し、それら行為をしてよいかのチェックを行っているのです。

このように、「企業や組織において、利用者（ユーザーID・パスワード）もデバイスもネットワークもアプリケーションも信頼しない」ことを「ゼロトラスト」と呼びます。ゼロトラストとは、もはや安全な場所は社外のネットワークはもちろん、社内のネットワークの中も含めてどこにもないことを前提に、事あるごとに本人確認を実施し、最小限の権限を与えることによりセキュリティ事故を防ごうとする考え方といえます。

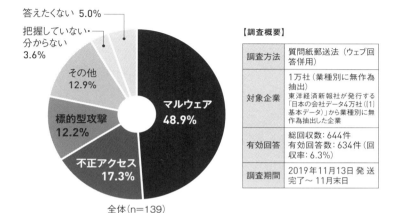

在宅勤務の普及に伴いサイバー攻撃が増え、攻撃者の手口が巧妙化していることを受け、サイバーセキュリティの分野では今後、「ゼロトラスト」が主流になっていくでしょう。IDとパスワードだけで、境界防御や、これまでの「安全で信頼できる」ことを前提としたセキュリティ対策を中心とした社内ネットワークへのアクセス権を管理するのは不十分です。〝城〟内に入ってきた後でも、その人物(アクセス)が本当にその(機密)情報を参照して良いか、更新して良いか、その都度確認する仕組みを整備する必要があります。

データと引き換えに、多額の身代金を要求するサイバー攻撃も

2017年の「ワナクライ」の流行以降、「ランサムウエア」というサイバー攻撃も目立つようになってきました。「ランサムウエア」は、感染したパソコンをロックしたり、ファイルを暗号化したりして使用を制限したのち、制限を解除することと引き換えに金銭(身代金=ランサム)を要求するマルウエアです。〝身代金要求型〟不正プログラムとも呼ばれています。2020年に入ってからは、攻撃者がランサムウエアを侵入させて、最初に機密情報などのデータを奪い、その後データを暗号化した上で、企業に多額の身代金を請求する事例が、海外はもちろん国内でも発生しています。こうした攻撃を仕掛ける人間の目的は、金銭です。物理的な接触をせず

にデータを取得し、攻撃者は小さなリスクで多額の身代金を奪取できるわけです。

その手口は巧妙です。サーバーなどに侵入すると機密情報である知財情報、委託先から預かっている秘密情報、個人情報などのデータを盗み出した上で、それらデータや業務システムなどを暗号化することで通常業務ができないようにしてしまいます。その上で、盗んだデータの公開や闇市場での販売を望まず、かつ暗号化されたデータや業務システムを元に戻す鍵（復旧キー）が欲しければ、身代金を払えと要求してくるのです。その要求を断ると、暗号化されたデータやシステムにアクセスできなくなり業務再開が滞るだけでなく、盗まれた機密情報が公開される恐れもあります。

攻撃者は機密情報を実際に搾取したことを示すため、機密情報の一部を部分的にウェブ上に公開することもあります。こうなるとランサム攻撃の被害にあった企業がデータのバックアップを取っていたとしても、対策としては不十分になってしまいます。

盗まれたデータが事業継続に欠かせないものや、決して流出してはならない顧客情報であるため、仕方なく身代金を支払った企業も実際にあるといわれています。

米国で急成長中の有名ＩｏＴ*企業（センサー・カメラといったＩｏＴ機器やそこから収集したビッグデータの解析プラットフォームの提供を行う企業）も、被害を受けました。そのＩｏＴ

*IoT：様々な物がインターネットにつながること

企業はランサム攻撃にあったと公表し、しばらくして復旧したことから多額の身代金を支払ったのではないかとみられています。米国にはランサムウエアによる身代金を補償の対象とするサイバー保険もあります。しかし日本では、攻撃者（犯罪者）を利することになるといった理由から、身代金をサイバー保険では補償していないことがほとんどです。ただし、ランサム攻撃による被害の調査費用や復旧費用といった被害に伴う費用などに関しては多くのサイバー保険で補償範囲となっています。

米国の状況について付け加えると、米連邦捜査局（ＦＢＩ）は２０１９年10月にランサムウエアで被害を受けた場合、身代金の支払いも選択肢に入れることもありうるが、その場合においても当局に通報し、犯罪者を特定するための情報を収集できるよう情報共有を行うように、という見解を示していました。ところが２０２０年10月、米財務省は、一部の身代金支払いはテロリストへの資金提供にあたる可能性があることから、法令違反に当たる可能性があると指摘しました。ランサムウエアにどう対応すべきか、米国でも確定した指針が出ていないのが現状です（２０２０年12月時点）。

仮に身代金を支払ったとしても、問題が解決したわけではありません。例えば、自動車や家電製品あるいはその部品を製造する工場がランサムウエアの被害に遭い、一時的に稼働できなくなったとしましょう。しばらくして生産ラインが復旧したとしても、そのラインで製造したソフトウエアを搭載する製品・部品に、マルウエアが仕込まれている可能性があります。万一、その工場で作られた製品がリコールになった場合、集団訴訟に発展する恐れもあります。しかし、「マルウエアが仕込まれていない」ことを証明するのは至難の業です。

こうした流れを受け、ソフトウエアとソフトウエアを組み込んだ製品において、サードパーティおよびオープンソース・コンポーネント（ソースコードの改良・再配布が可能な無償のソフトウエア部品）の詳細情報を含む正確で最新のソフトウエア部品表＝ＳＢＯＭ（Software Bill Of Materials）を保守し、ソフトウエアを構成するコードが高品質で定められた規格や規制に準拠し、安全であることを保証しようとする動きが出てきています。

部品表（ＢＯＭ）とは、製造業の生産管理に欠かせないものです。完成品を作るのにどの部品がどれだけ必要か、その部品はいつどこから調達したものかなどを「部品表」で管理します。部品表があれば、不良部品が見つかった時など、どの完成品を確認すべきかが分かるわけです。

ソフトウエアにこの手法を持ち込んだのが、「ソフトウエア部品表（ＳＢＯＭ）」です。ソフトウエア部品表で管理することにより、複数のサービスや製品で使用されるソフトウエアにバグやマルウエア感染が見つかった時、どの完成品を確認すればいいかがすぐに分かります。ソフトウエア部品表はまだ日本では本格的に普及していませんが、経済産業省でも「サイバー・フィジカル・セキュリティ対策フレームワーク」の議論などで言及されており、今後広まることが見込まれていることから、弊社では導入のサポートに向けて後述するビドゥ社との協業の中で研究を進めています。

IoTの広がりで、遠隔攻撃が盛んに

新型コロナウイルスの感染拡大とそれに伴う在宅勤務の広がりのほかにも、サイバーリスクマネジメントを進める上で見逃せない変化がIoTの広がりです。IoTによって、パソコンやスマホだけでなく、カメラやセンサーあるいはブルーレイディスクプレーヤーやテレビなど、多様な機器がネットワークに接続されるようになりました。

このように多種・多様・多数のIoT機器がネットワークに接続され攻撃の対象になることで、パソコンやスマホが攻撃される場合とは違った被害をもたらすことがあります。その1つが、遠隔攻撃です。

この遠隔攻撃の手段として、IoT機器専門の「Mirai（ミライ）」と呼ばれるマルウエアが登場しています。Miraiとは、基本ソフト（OS）のLinuxで動作するコンピュー

タ（ＩｏＴ機器）を、遠隔操作できるボット（ロボットを語源とし、遠隔・自動などで特定の命令に従わせることを可能とするプログラムのこと）であり、Ｍｉｒａｉに感染した機器は、その管理者の管理外で攻撃者が命令・指示した特定のサーバーなどにＤＤｏＳ（Distributed Denial of Service、分散型サービス妨害）攻撃を加えます。つまり、自社が管理しているカメラが知らないうちに乗っ取られ、別の場所にあるサーバーを攻撃しているということが起きていたのです。

パソコンなどに比べてＩｏＴ機器には、①特化した機能（それに合わせてコンピューティング能力が小さい）、②ライフサイクル（商品が市場に登場してから姿を消すまでの流れ）が長い、③既存技術がベースになっている、という特徴があります。パソコンやサーバーについては最新製品の導入やセキュリティ対策に熱心な企業でも、自社が所有するＩｏＴ機器への対策は、①対象とする種類・台数が多い、②後付けの対策が難しい、③保守期限切れや不具合に伴う脆弱性が残っている、④既存技術と同じマルウエアに狙われる、といった理由から対応することが難しく、放置されやすい傾向にあります。

さらにＩｏＴがパソコンやサーバーと異なる点として、サイバー空間にとどまらない被害範囲という点が挙げられます。ＩｏＴ機器が「モノ」と言われている通り、それはスマートホームの鍵であったり、工場のロボットであったり、コネクテッドカーであったりして、実際の世界（フィジカルな空間）で動くため、マルウエアは、物理的破壊を引き起こす可能性もあります。ドローンが一斉に墜落したり、信号がすべて誤作動したりするような状況は想像すらしたくありません。そうならないように産官学での研究が進められています。

IoT機器がサイバー攻撃を受けると、企業は「2～3日パソコンが使えなくなる」といったレベルとは比べものにならないほどのダメージを被りかねません。そこで弊社では、前記したSBOMをはじめとして、このIoTにおけるセキュリティ対策に関する研究を、MS&ADVentures（MS&ADグループのCVC（Corporate Venture Capital、〈事業シナジーを目的に自己資金でベンチャーに出資を行う組織〉）の投資先である、イスラエルでサイバー対策サービスを手がけるビドゥ社と共に進めています。

大企業は専用手法で攻撃され、中小企業は割れ窓を狙われる

グローバルに展開している大企業に対しては、攻撃者は「その会社専用の攻撃手法」を用意することが少なくありません。最近でもマルウエアの中に攻撃対象の会社固有の情報が入っていた（専用の攻撃ツールで他の会社では動作しない仕組みとなっていた）といわれています。それ

だけの手間や時間を掛ける価値（＝金銭的な見返り）があることが多いためです。

一方、中小企業に対してはそのようなカスタマイズされた攻撃が実施されることはまれです。むしろインターネット側から見て〝開いている窓〟や〝割れた窓〟を探し出し、ターゲットになる企業、つまり隙のある企業を攻撃します。つまり、中小企業などの場合、外（インターネット上）からよく見える〝窓〟がきちんと閉じられていれば、攻撃者は手出しをせずに去っていくことが少なくありません。

こうした特徴を踏まえると、大手企業は、ダークウェブを含めた自社固有の「脅威分析」を行う必要があります。ダークウェブとは、一般的なブラウザーからはアクセスできない特殊なサイバー空間のことで、企業から流出したデータや特定企業のユーザーＩＤとパスワードの情報や脆弱性情報が交換・売買されていたり、ランサムウエアをはじめとするマルウエアがサービスとして販売されていたりしています。そのようにサービス化されているマルウエアの中には保守契約が付き、ヘルプやサポートデスクがあるものも存在します。企業は自社に関する情報などが交換されていないか、攻撃の予兆がないかを把握し、対策を行うためにも定期的にチェックする必要があります。しかしこうしたチェック作業は、一般企業にとっては簡単なことではありません。弊社ではイスラエルの専門家が用意している専用のツールを使い、脅威情報のリポートを提供するサービスも提供しています。

1台のパソコンがきっかけで、事業継続が困難に

大企業はもとより中小企業でもパソコンやインターネットを使う今の社会では、企業がサイバーリスクマネジメントに取り組むことは必要不可欠です。日を追うごとに登場する新たなサイバーリスクに即して、その対策も日々アップデートしなければなりません。

しかしながら現状では、そのリスクが分かりにくく、相応の投資を必要とするサイバーリスクマネジメントは後回しにされがちです。対策が十分な組織（主に大企業）とそうでない組織（主に中小企業）との差も、拡大しています。とりわけ中小企業のサイバーリスクマネジメントについては、アンチウイルスソフトの導入などの基本的な防御にとどまるなど、大企業に比べて遅れているケースが目立ちます。

弊社が1万社を対象に2017、2018年に行ったサイバーセキュリティ対策に関する実態調査や実証事業など個別のヒアリングの結果として、中小企業では「従業員100人にシステム担当者が1人」という人員配置が一般的でした。

ちなみにこのシステム担当者はセキュリティ専任ではなく、パソコンやプリンターの管理業

務といったいわゆるヘルプデスクや、新しいソフトウエア導入などを兼任しているケースがほとんどです。従業員100人未満の企業においては、このシステム担当者が総務や財務の仕事を兼任していることも少なくありませんでした。

アンチウイルスソフトを導入していることで「対策は十分」と考えていたり、「そもそも盗まれて困るデータ（個人情報）がない」と思い込んでいたりする企業も見られます。

対策については、アンチウイルスソフトだけでは不十分なことは既に指摘した通りですし、「盗まれて困るデータがない」ことについては、盗まれて困るデータとそうでないデータの仕分けができていないケースが多いようです。「重要ではない」と思われていた1台のパソコンが使えなくなったことで、事業の継続が困難になったケースもありました。

そこで弊社では、システム関連の運用も含めて請け負うサービスの開発を進めています。弊社は過去に2度、独立行政法人情報処理推進機構（IPA）の「サイバーセキュリティお助け隊（中小企業向けサイバーセキュリティ対策支援体制構築事業実証事業）」を受託しました。

これまでの調査や知見を生かし、アンチウイルスソフトの導入以上の対策を打てずにいる、あるいは本格的なセキュリティシステムは導入したものの運用が十分にできていないなど、様々な悩みを抱える企業をサポートしてきました。

業務にパソコンやインターネットを利用している以上、サイバーリスクとの戦いに終わりはありません。常に最新の動向をフォローし、迅速に対策を打つことが不可欠です。サイバー攻撃からの防御に向けた体制整備から、被害を受けた際の保険まで、弊社はグループの総力を生かし、企業のサイバーリスクマネジメントを支援していきます。

土井 剛（どい・たけし）
1996年慶應義塾大学商学部を卒業、住友海上火災保険（現・三井住友海上火災保険）に入社。2004年ブラジル現地法人Mitsui Sumitomo Seguros社に駐在（IT部長）、2006年より同社CIO就任。2009年に帰国し、2013年からの3年間、内閣官房・IT総合戦略室に出向（参事官補佐）。2016年よりMS&ADインターリスク総研およびMS&ADインシュアランスグループホールディングスに所属、2020年11月より内閣官房情報通信技術（IT）総合戦略室/デジタル庁準備室・戦略調整官を兼務。

気候変動

地球温暖化による気候変動を抑制する〝脱炭素化〟が世界的な課題です。
脱炭素社会への移行とともに現在の産業構造が激変します。
この変化はリスクとなり、企業にビジネスモデルの転換を迫ります。
企業は今後、国際機関や政府の動向・政策を視野に入れて、適切な対策を打っていく必要があります。

地球温暖化が進んでいます。

地球温暖化はここ数十年の間に始まった現象ではありません。古くは蒸気機関が発明された産業革命以降、19世紀後半から、地球温暖化は確実に進んできました。現在の地表の年間平均気温は産業革命前に比べると既に1度近く上昇していて、最近では温暖化の進行がますます顕在化しています。

2018年、埼玉県熊谷市で41・1度という当時の日本歴代最高気温を記録しました。この年は京都・祇園祭の山鉾巡行も、猛暑による熱中症を防ぐために中止となりました。温暖化の影響がなければ、99・9％以上、このような現象は起こりえなかったと言われています。

寺﨑康介

MS&ADインターリスク総研
リスクマネジメント第三部
サステナビリティグループ
マネジャー・上席研究員

地球温暖化がビジネスのリスクに

この年は西日本豪雨など、多量の降雨に見舞われた年でもありました。気象研究所等によると、産業革命以降の地球の温暖化によって、2018年の西日本豪雨の発生確率は約3・3倍に増えていました。

国外へと目を転じても、2017年、2018年の米国カリフォルニアの大規模な山火事で、地元のエネルギー産業が破綻するなど、地球温暖化がビジネス上のリスクになっています。リスクがあるなら、その対策を講じる必要があり、国際社会はそれに向けて既に動いています。

2015年に開催された気候変動枠組条約締約国会議(COP21)で採択されたパリ協定(気候変動の緩和と適応等に関する多国間の国際的な協定)では、「地球の平均気温上昇を、産業革命前に比べて十分に2度未満に抑え、できる限り1・5度を目指す」という、いわゆる2度目標が合意されました。

2度目標の達成には、二酸化炭素に代表される温室効果のあるガスの排出量を、大幅に削減する必要があります。「どの程度削減すべきか」という目安を示したのが、次ページのグラフです。

世界の平均気温上昇を、産業革命以前に比べて2度より十分低く保つ

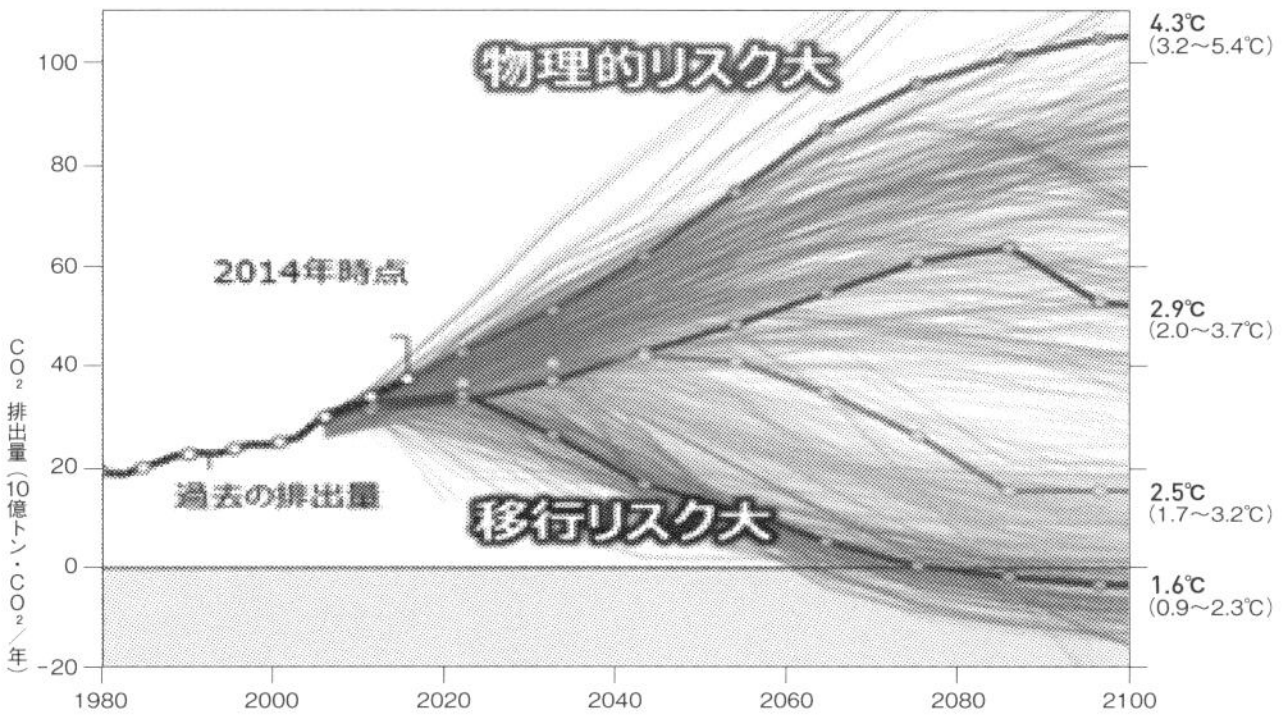

出典：IPCC第5次報告書にMS&ADインターリスク総研加筆

気温上昇を2度未満に抑えるには、2070年に二酸化炭素排出量をゼロにする必要がある

このグラフは、気候変動に関する政府間パネル（IPCC）が2014年に発表した第5次評価報告書に掲載されたものです。2014年からの100年間で平均気温がどれだけ上昇するかを、4つのシナリオに基づいて予測しています。4つのうち最悪のシナリオでは、21世紀末の平均気温が産業革命前に比べて4度以上も上昇。最良のシナリオでも、1・5度以上上昇すると見られています。パリ協定で合意された「十分に2度未満である」とされる最良レベルに抑えるには、2070年には世界の二酸化炭素排出量を正味ゼロにし、脱炭素社会へと移行しなければなりません。

地球温暖化が企業にもたらすリスクは大き

く2つあります。

1つは、物理的リスクです。これは、地球温暖化に伴う気候変動によって、風水災、熱波、干ばつなどの自然災害が発生し、企業が損害を受けるというリスクです。この物理的リスクは業種や業態を問わず、物理的な資産を持つすべての企業が等しく影響を受けます。先ほど触れた米国のエネルギー産業のように、山火事によって企業の資産が被害を受けるのは、その一例です。

もう1つは移行リスクです。これは、脱炭素社会に移行することで起こりうるリスクで、炭素価格の導入や化石燃料の需要減少、電気自動車の増加や再生可能エネルギーへの転換などによる企業活動への影響を指します。例えば国際エネルギー機関（IEA）のリポートによれば、「2度シナリオ」では2040年時点に、炭素価格は二酸化炭素排出量1トン当たり140ドルに達し、世界中の乗用車の3分の1が電気自動車になり、火力発電の燃料となる燃料炭の需要は今の半分以下になるとみられています。

リスクを読み切れなかった海外重電メーカー

こうした時代が到来した時に、今と同じ価値観で、同じビジネスができる企業は限られます。

気温の上昇を押さえ込むために様々な規制が強化されれば、根底からビジネスモデルを変えざるを得ない業種もあるでしょう。この影響は、二酸化炭素排出量の多い業界に顕著に表れます。

移行リスクについて事例を1つ、ご紹介しましょう。

米国のある重電メーカーは2015年、他社のエネルギー部門を買収しました。この買収によって石炭火力設備事業を強化し、事業ポートフォリオを整備するのが狙いだったのですが、この買収は失敗だったといわれています。脱炭素社会に移行しつつある世の中の流れを読みきれず、想定以上に火力発電事業の受注が落ち込み、業績悪化を招いたのです。2017年には発電部門の利益は45％も低下し、株価も下落。約230億ドルの評価損を出し、電力部門は1万2000人の人員削減という大規模なリストラに追い込まれて、責任を取る形でCEO（最高経営責任者）が退任しました。そして最終的に2020年には石炭火力事業からの撤退を表明するに至りました。世の潮流が再生可能エネルギーに向かう中で起こる移行リスクが顕在化した一例です。

この移行リスクは、物理的リスクとは相反する関係にあります。先ほどの4つのシナリオのうち、「最も物理的リスクが大きく、最も移行リスクが小さい」のは、平均気温が4度以上上昇する〝最悪のシナリオ〟であり、「最も物理的リスクが小さく、最も移行リスクが大きい」のは、

化石燃料関連のダイベストメントを表明した投資機関数と運用資産総額

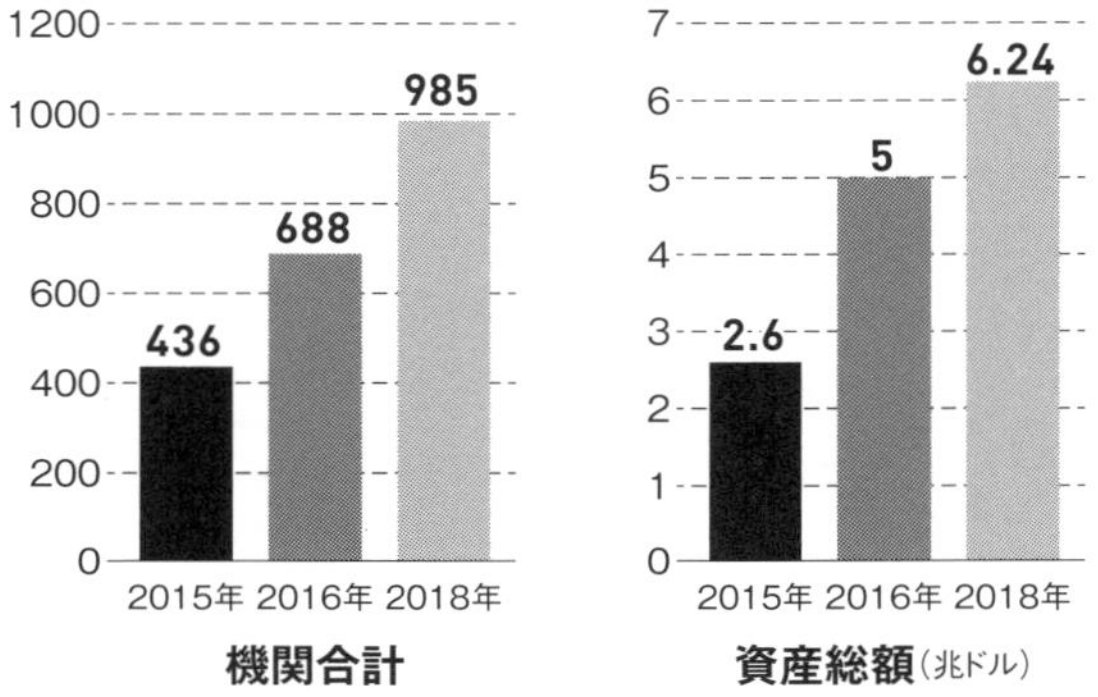

出典：アラベラアドバイザーズ

化石燃料関連業界からのダイベストメント（投資撤退）を決めた投資機関の数は2018年には、2015年のおよそ2倍になった

平均気温の上昇を2度未満に抑える〝最良のシナリオ〟なのです。

ESG投資が世界の潮流に

各国、各企業は2度目標達成に向けて様々な努力をしていますが、実際に達成できるかどうかは未知数です。これまでの二酸化炭素排出量と、これから増える、または減少する二酸化炭素排出量によって、地球温暖化の進行速度は変動します。複数のシナリオのうち、どのシナリオが最も未来を予見しているシナリオなのかは現時点では分かりません。従って企業は、「物理的リスク」と「移行リスク」の両方に備え、具体的な対策に着手すべきです。

ESG投資額の推移

	2014年	2016年	2018年	全投資に占める割合
日本	8400億円	(68倍) 57兆円	243兆円	18.3%
世界	2041兆円	(1.3倍) 2556兆円	3418兆円	

出典：Global Sustainable Investment Alliance〝Global Sustainable Investment Review〟より一部改変

ESGを重視する企業への投資が急拡大している

機関投資家も気候変動のビジネスリスクや機会を投資行動に織り込み始めています。現在、投資機関によるる化石燃料関連業界からのダイベストメント（投資撤退）が進んでいます。ダイベストメントを表明した投資機関の数は2018年には、2015年比で倍近くにまで増え、運用資産総額は2018年に6兆ドルを超えました。

その半面、環境（E）、社会（S）、ガバナンス（G）に配慮する企業に投資するESG投資は、もはやニッチ（隙間市場）の枠を超え、主流化しています。

日本でも、全投資に占めるESG投資の割合は2018年に18・3％に達しました。背景には、日本政府の公的年金基金である年金積立金管理運用独立行政法人（GPIF）が2015年に責任投資原則（PRI）に署名し、2017年にESGを重視した株式インデックスを採用して運用を開始するなど、ＥＳＧ投資に大きくかじを切ったことがあります。金融庁と東京証券取引所は２０１８年６月までにコーポレートガバナンス・コードを見直して、持続可能性を巡る課題への対応を明記しました。金融庁が２０２０年３月に改訂したスチュワードシップ・コードでも、投資家に対して持続可能性の考慮を求めています。

１９９０年代には社会的責任投資（Socially Responsible Investment、ＳＲＩ）が注目されましたが、これは、財務面とは切り離された社会倫理、社会貢献の部分に着目する傾向が強いものでした。一方でＥＳＧ投資では、環境や社会、ガバナンス（組織・企業統治）への関与がビジネス上のリスクと結びついて語られています。

例えば、米エクソンモービルの２０１７年株主総会では、株主から気候関連情報の開示を提案され、可決されました。株主が、同社の気候関連情報を開示しないことをリスクだと判断したからです。こうした事例は今後、日本でも増えていくでしょう。

企業に求められる「気候関連情報の開示」と「事業戦略立案」

気候変動に関するリスクは、国際機関の方針や各国政策の影響を大きく受けます。これは自然災害などにはない、このリスクの最大の特徴と言えます。従って気候変動リスクのマネジメントは、国際機関や政府の動向・政策が今どうなっているのか把握するだけでなく、それらが今後どうなっていくのかも念頭に置きながら進めるべきです。

金融安定理事会（ＦＳＢ）は２０１５年12月、Ｇ２０（主要国首脳会議＝Ｇ７に参加する7か国、ＥＵ、ロシア、および新興国11か国の計20か国・地域から成るグループ）からの要請を受け、民間が主導する気候関連財務情報開示タスクフォース（ＴＣＦＤ）を設立しました。その目的は、企業に対し、それまで不透明だった財務に影響のある気候関連情報の開示を勧めることです。現在、世界１５６７社・機関、日本でも３２１社・機関が、ＴＣＦＤが２０１７年6月に示した最終報告書に賛同し、それに沿った定量的・定性的な情報開示を行っています。

日本国内を見ると、分析にとどまり開示にまで至っていない企業もまだありますが、時間が経つにつれて開示に積極的になっているようです。開示された情報を見ても、気候変動についての考え方を示すだけでなく、事業ポートフォリオを長期的にどう変えていくかといった具体的な言及が増えてきています。

ＴＣＦＤが開示を勧める項目は多岐にわたっていますが、なかでも注目すべきは、戦略面での推奨項目に「2度シナリオを含む複数の異なる気候関連シナリオに対して、組織のビジネス、戦略、財務計画がどの程度、強じんであるかを説明する」という項目が挙げられている点です。

中期経営計画などで、3年、5年単位でリスク管理をしてきた多くの企業に対し、シナリオ分析をした上で、より長期の計画立案が求められているのです。

分析すべきシナリオは、2度シナリオだけではありません。国際社会が協調し努力しても、2度シナリオが達成できるかどうかは分からないからです。複数のシナリオを分析し、それに基づいた情報の開示が必要です。弊社はそうした企業に対して、情報開示に必要な分析が進むよう支援しています。

例えば、石油化学系の企業は、2度シナリオの実現によってどんな影響を受けるでしょうか。先に述べたように、世界中の自動車の3分の1が電気自動車になれば、ガソリンの需要は減少します。しかし、化学原料であるナフサの需要は、他のシナリオに比べて抑制されるものの、今後も増加するとみられています。従って、それまでガソリンを主軸にビジネスを展開してきた企業であれば、化学需要主体に切り替えてケミカルリファイナリー化することが考えられます。サーキュラーエコノミーやバイオ燃料の動向も見逃せません。当然のことながらサプライチェーン（製品が消費者に届くまでの、原材料・部品の調達から、製造、在庫管理、配送、販売、消費までの一連の流れ）も変わるでしょう。こうした様々な〝先を見越したシナリオ分析〟が重要で、弊社はそうした分析のサポートを顧客企業に提供しています。

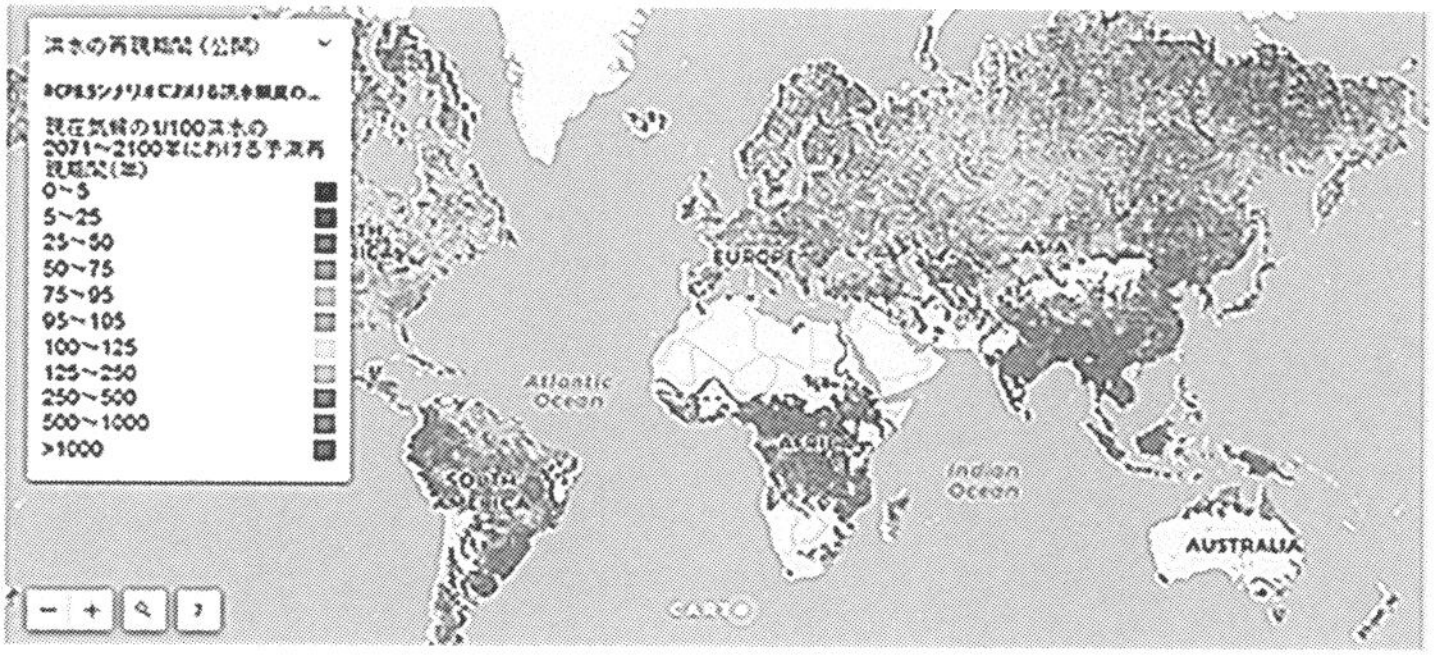

気候変動による洪水頻度変化予測マップ（http://www.irric.co.jp/LaRC-Flood）

「洪水頻度を予測したマップ」を無償で公開

ここで、弊社がどうリスク分析をしているか、その分析手法の一例をご紹介します。

弊社は芝浦工業大学の平林由希子教授、東京大学生産技術研究所の山崎大准教授と共同で、２０１８年５月から「気候変動による洪水リスクの大規模評価（「LaRC-Flood®」）」プロジェクトを進めていますが、その一環として、「気候変動による洪水頻度変化予測マップ」を無償公開しています。これは、20世紀末に１００年に１度の確率で発生する規模の洪水が、21世紀末には何年に１度の頻度で発生する可能性があるかを示すものです。無償公開しているマップでは、地球の平均気温が４度以上上昇した場合の結果を見ることができます。

なお、このプロジェクトでは、アジア全体を対象とした広域ハザードマップの社会実装の検討なども進めています。

気候変動リスクマネジメントの今後

２０２０年秋頃から、自社の事業だけでなく、バリューチェーン全体での二酸化炭素排出量を算出しようとする企業が増えています。これは、自社の事業のための燃料の燃焼（スコープ１）、電気の使用（スコープ２）だけでなく、原材料生産から自社製品の使用や廃棄までのサプライチェーン全体、あるいは投融資、従業員の通勤を通じた間接的な排出量（スコープ３）にも着目し、一連の流れから発生する排出量（温室効果ガス排出量）を算出することで、その抑制を目指すものです。

こうした動きは、操業における直接的なエネルギー使用量（スコープ１、２）が少ない業種や業界も、温暖化対策とは無縁ではいられないことを意味します。

国連グローバル・コンパクト（ＵＮＧＣ）、ＣＤＰ、世界資源研究所（ＷＲＩ）、世界自然保護基金（ＷＷＦ）が運営する、気候変動に関する科学的根拠に基づく目標イニシアチブ（ＳＢＴ:ｉ）というものがあります。これは企業がパリ協定に整合する中長期の排出削減目標（ＳＢＴ）を策定することを促す枠組みです。既に日本企業100社以上を含む1100以上の企業が目標の策定をコミットし、その半数が既にＳＢＴｉから目標の認定を受けています。ＳＢＴｉは2020年10月に新たに金融機関向けの枠組み（金融版ＳＢＴ）を立ち上げました。

金融機関は自らの操業による排出量は微小ですが、投融資を通じた排出量は莫大です。金融版ＳＢＴでは投融資ポートフォリオを介した排出量に対して厳しい目標策定を求めています。これによって、金融機関は自らの投融資ポートフォリオを構成する投資先企業に対して、排出削減を強く求めるようになるでしょう。この流れは、加速することはあっても減速はしません。その企業がどんな業種・業態であっても、気候変動リスクに向き合う必要があるのです。

寺﨑康介（てらさき・こうすけ）
東京大学大学院理学系研究科修了。2009年、インターリスク総研（現MS&ADインターリスク総研）入社。気候変動、水問題、生物多様性、CSR調達などのコンサルティング業務およびリスク定量化手法の開発に従事。神奈川県出身。

ＢＣＰ（事業継続計画）

激甚化する風水害や頻発する大地震、世界規模で拡大する感染症。
こうしたリスクがいつ企業経営にダメージを与えるか分かりません。
危機的な状況にあっても事業を継続するには、
ＢＣＰ（事業継続計画）の策定やブラッシュアップが必要不可欠です。

東日本大震災やタイの大洪水が起きた２０１１年以降、ＢＣＰ（事業継続計画）に大きな注目が集まっています。これらの災害をきっかけにＢＣＰの策定に着手した企業が多かったことに加え、２０２０年、追い打ちをかけるように新型コロナウイルスの感染が拡大したことを受け、この流れは一段と加速しました。

ＢＣＰとは事業継続計画（Business Continuity Plan）の略で、企業が災害やテロ攻撃といった緊急事態に遭遇し事業が中断または阻害された場合に、事業を復旧・継続させる手段・手順をあらかじめ記した文書を指します。

地震や津波、水害といった自然災害にテロ、サイバー攻撃、そして、感染症の拡大。こうし

藤田 亮

MS&ADインターリスク総研
リスクマネジメント第四部
事業継続マネジメント第一グループ長
上席コンサルタント

た災害は決して過去のことではなく、今後も必ず起こります。とりわけ日本では風水害の激甚化と頻発化が進んでいることも見逃せません。2018年に発生した北海道胆振東部地震では、発電所の稼働停止によって北海道全域が一時停電するという〝想定外の事態〟が起こり、多くの企業が業務の中断を余儀なくされました。

こうした災害の激甚化・頻発化を踏まえ、しっかりとしたBCPを策定しておくのはもちろん、過去にBCPを策定した企業であっても、それが今の時代に適したものかをいま一度、見直す必要があります。

では、時代に適合したBCPとはどのようなものなのでしょうか。それを論じる前に、改めてBCPを定義したいと思います。

BCPとは、災害や事故などによって組織全体の操業率が著しく低下し、復旧までに時間がかかってしまう局面で、

①「重要な業務が中断せず」

②「仮に中断した場合には速やかに再開する」

ための手順を文書化した計画書のことです。

仮に、ある企業の工場が自然災害でダメージを受けたとします。操業率は著しく下がり、場

BCPとは

BCPとは、Business Continuity Plan（事業継続計画）の略であり、事業の中断・阻害に対応し、事業を復旧・再開し、あらかじめ定められたレベルに回復するように組織を導く文書化した手順のこと。
⇒ここでは、災害や事故など**「組織全体の操業度が著しく低下し、復旧まで時間がかかる局面」**において**「重要な業務」が中断しないように**（下記①）、または中断してしまった場合に**早期に再開できるように**（下記②）作成された文書類（計画書、手順書、リストなど）と定義。

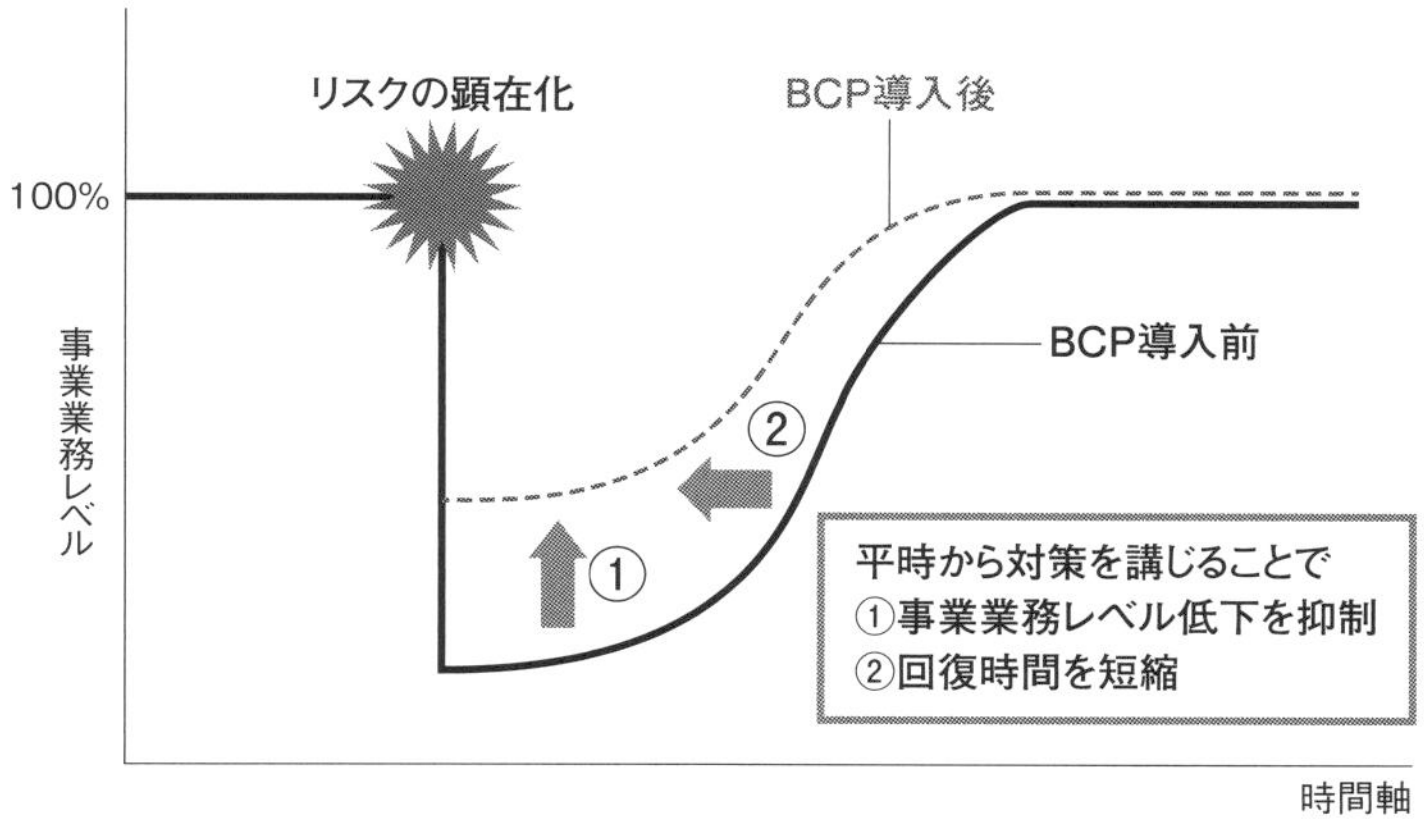

BCPを策定しておくことで、災害時の業務中断によって起こる悪影響を最小限に食い止めることができる

合によっては完全にストップ、つまり操業率が0％になってしまうこともあるでしょう。こんな時のために、ＢＣＰを策定する過程で、「自然災害によって大きなダメージを受けそうな機器」「重要度の高い設備」を特定しておけば、災害が起こる前にあらかじめ減災対策を施せます。

ダメージを受けた時には、できるだけ迅速に回復を図ることが肝要です。ＢＣＰを策定していない企業の場合、事業の回復曲線の上昇は緩やかになります。しかしＢＣＰを策定している企業であれば、あらかじめＢＣＰに従って特定しておいた「重要度の高い業務」から優先的に復旧させ、速やかに操業率を高められます。

このように、平時にあらかじめ講じた対策によって、①事業業務レベルの低下を抑制し、②回復時間の短縮を図る。これが、ＢＣＰ策定の目的です。

ＢＣＰは〝計画〟ですから、その策定に当たっては、「いつ何をすべきか」、その手順を端的にまとめる必要があります。この手順は通常時に行う①「平常時対応」、リスクが顕在化した後の②「初動対応」、その後の③「事業継続対応（復旧対応）」の3つに分類できます（次ページの表参照）。

1つ目の平常時対応とは、日頃から実施しておく備えを指します。先ほどの工場の例で言えば、「自然災害によって大きなダメージを受けそうな機器」「重要度の高い設備」を特定して減

BCPの「平常時対応」「事業継続対応」「初動対応」

対応ごとの特徴	平常時対応	初動対応		事業継続対応(復旧対応)
	平常時からの対策(常日頃から実施)	人命の安全を確保する対応		事業継続(復旧)を推進する
		自衛消防対応	当面の緊急対応	復旧対応
主たる役割	課題の洗い出しと対策の進捗管理	初期消火 一時避難 被害拡大防止 緊急通報 応急救護	関係者の安否確認 その他情報収集 帰宅対応 近隣対応 災害広報	重要業務に経営資源を集中
主な行動主体	BCP所管部門	全社員 自衛消防隊	災害対策本部 (本社・事業所)	各事業部門

平常時対応、初動対応、事業継続対応の3つに分けて、それぞれ計画を策定する

災対策を施すといった、〝課題の洗い出し・対策の策定〟が、ここに含まれます。

次の初動対応は、人命の安全を確保するための対応で、大きく2つに分類できます。1つは、初期消火や一時避難、被害拡大の防止に緊急通報、応急救護を含む現場での「自衛消防対応」。もう1つは、関係者の安否確認や情報収集、従業員の帰宅対応や近隣対応、災害広報などの当面の「緊急対応」です。前者は、自衛消防隊などが中心となり、全社員がそれぞれの現場で率先して取り組みます。後者は、本社などに設置される災害対策本部が実施します。

初動対応にひと区切りが付いたら、次は事業継続対応に移行します。ここでは各事業部門が中心となり、重要な業務に経営資源を集中させ、より重要な業務から速やかな回復を目指します。そうすること

で、事業を継続させるのです。

シナリオからリソースへ

ＢＣＰは、（1）平常時対応、（2）初動対応、（3）事業継続対応の3つの観点から対応内容を文書化することで策定されていたのは先に述べた通りですが、従来のＢＣＰは、「シナリオベース」に重きを置いて策定されていました（次ページの表を参照）。

ＢＣＰには、被害の原因に着目したシナリオベースと、被害の結果に着目した「リソースベース」の2種類があります。そして日本では従来のＢＣＰは、シナリオベースの考え方を重視して策定されていました。これからのＢＣＰは、重要な事業が中断してしまわないことを念頭に、より柔軟に活用できるリソースベースの考え方を重視して準備する必要があります。

シナリオベースＢＣＰは、首都直下地震や南海トラフ地震のような、被害の原因となる具体的な事象（地震、火災、水害など）を想定し、その対応を整理します。例えば首都直下地震について、内閣府や東京都などがその被害想定について報告書をまとめています。それによると、首都直下地震発災後は1週間たっても約5割の地域で停電から復旧しないと予測されています。電話は固定・携帯とも、通話規制が敷かれ、メールは遅配が生じる可能性があります。さらに

シナリオベースBCPとリソースベースBCP

分類	シナリオベースBCP	リソースベースBCP
考え方	被害の原因となる具体的な事象（地震、火災、水災など）に着目して対応を検討する	被害の原因でなく、被害の結果（例えば、停電が発生した、生産設備が停止したなど）に着目して対応を検討する **⇒特に、「拠点が使えない」とした場合は様々なリスクや複合災害などに対応可能**
対象となる事象の範囲	特定の事象への対応を想定する（地震のみ、感染症のみなど）	被害の結果に着目するため、特定の事象に限らない
BCP内容（事後対応）	対応内容を時系列で具体的に記載することが多い	対応内容を代替策中心に記載することが多い
BCP内容（事前対策）	特定のリスクの課題を洗い出す	複数事象の課題・対策を洗い出す

BCPには被害の原因に着目した「シナリオベース」と、被害の結果に着目した「リソースベース」の2つの考え方がある。従来のシナリオベースBCPのほか、「拠点代替」を整理することで、汎用性の高いリソースベースBCPへシフトする

都区部では約5割が断水し、約1割で下水道が使用できないとされています。地下鉄は開通までに1週間、私鉄・在来線は1カ月程度を要する可能性があります。こうした被害を想定し、個別具体的な対策をBCPに記します。

しかし冒頭で触れたように、風水害を中心に自然災害は激甚化・頻発化が進んでおり、被害の規模は想定を超える傾向があります。地震用のBCP、水害用のBCPなどと個別にBCPを用意しても、想定外のリスクが顕在化すると、プラン通りに対応できない可能性が十分に考えられます。

一方、リソースベースBCPは、個別の災害（被害の原因）ではなく、被害の結果

（停電が発生した、生産設備が停止したなど）に着目します。原因が地震であるか水害であるか、あるいは感染症の拡大であるかを問わず、例えば基幹工場の生産設備が使えない、本社に人が立ち入れないといった被害そのもの、その結果を想定して、対応を検討します。

拠点ごとに順位を付ける

これからのＢＣＰは、中核事業をストップさせないことを念頭に、様々なリスクに柔軟に対応できるリソースベースＢＣＰの考え方を、より重視して準備しておくことが重要だと思います。ただし、これまで用意してきたシナリオベースＢＣＰが無駄になることはありません。特に、リスクが顕在化した後の初動対応では、リスクによって対応内容が異なるため、個別のリスクシナリオに応じた具体的な対応内容を定めておくことも有用です。また、復旧対応に当たっても、想定したシナリオに近い被害が生じた場合は、それに基づいた対応が有効でしょう。一方で、他のリスクシナリオにも対応できるよう、リソースベースの考え方も取り入れることが望ましいと言えます。

シナリオベースＢＣＰでは、人、電力・水道・ガス、設備、システムなどのリソース（事業継続に必要な経営資源）について、想定シナリオに基づいて被害有無を検討し、復旧手順を定めているケースが多く見受けられます。しかしこの場合、想定外のリソースが被害を受けると、定めておいた通りの復旧手順を適用できなくなる可能性があります。そこで、個別のリソースについて、想定される被害を検討するのではなく、「同一場所にあるリソース」をまとめて「群」として捉え、その群が大きな被害を受けたと仮定し、その対応策、特に代替策を中心に、業務遂行方法をあらかじめ準備することをお勧めします。

具体的には、建屋、生産設備、ＰＣ、ネットワーク機器など同一場所に所在するリソースをまとめて「拠点」として捉え、拠点が使えなくなった場合の代替策を検討するということです。このような考え方で準備しておけば、様々なリスクや、想定外の被害でも対応が可能になります。

損害保険会社における保険金支払い業務のケースを例に考えてみましょう。顧客からの事故に関する連絡は、まずコールセンターに入ります。その後、各地域のサービスセンターが事故による損害を調査し、その結果に基づいて、本社経理部門などの承認のもと、保険金を支払います。こうした業務はいずれも重要ですが、業務がストップした時に最も顧客への影響が大きいのは、事故受付を担当するコールセンターであるとします。従って有事が起こった場合、まずはコールセンターへの被害を最小限に食い止めて事業継続を図ることが重要ですし、万が一コールセンター業務がストップしてしまったとしても、できるだけ速やかに復旧させなくてはなりません。

ここで、特定のコールセンターについて、「震度7の地震発生」というシナリオケースで、さらに、「ボトルネックとなりうるリソース（経営資源）ごとに復旧の手段を策定」しておいたとしましょう。例えば、リソースの1つである人に着目すれば、電話を受けるオペレーターが通常の1割しか出社できない場合は、「近隣の拠点にいる社員を派遣する」「自社のOBやOGに応援を依頼する」といった対応が必要です。

これはあくまで「震度7の地震発生」というシナリオを想定し、大きな揺れに耐えた社屋に出社することが前提となっています。しかし実際には、震度7の地震が起きたことによって「停電が発生してシステムが使えない」「交通インフラが不通になり応援要員が出社できない」「感染症の拡大によって拠点が閉鎖される」といった、当初のシナリオで想定していないケースには対応できません。

そこで、被害（災害）の原因に着目したシナリオベースBCPを、被害の種類ではなく被害の結果に着目したリソースベースBCPに作り変え、ボトルネックをその「拠点にあるリソース」ではなく、拠点そのものとすることで、様々なリスクに対応できるようになります。

具体的には、被害を受けたコールセンターの即時復旧が不可能と判断した場合、「別のコールセンターに電話を転送して受け付ける」「出社できない社員のために在宅でコールセンター業務を続けられる体制を整える」といった代替案を用意します。もちろん、被害を受けたコールセンターの復旧も進めるべきなのですが、被害を受けたコールセンターの業務を別の部署で代替するという大きな方針を決めておくことで、コールセンターが復旧するまでの間ずっと事業が停止するという最悪の事態を避けられます。

しかしながら、拠点を数多く抱える企業にとって、すべての拠点に「拠点代替」を用意するのは現実的ではないでしょう。そこで、「どの拠点が使えなくなると事業に最も悪影響を及ぼすか」を分析し、拠点ごとに優先順位を付けて検討することをお勧めします。

なお、代替拠点で業務を継続するに当たっては、様々な課題が生じることが容易に予想されます。それら課題を着実に解決していくための「課題管理」も常日頃から行っていくことが重要になってきます。シナリオベースBCPでは、「地震が発生したら」「床上浸水したら」といった個別のシナリオに対して「天井パネルが落下する可能性があるので補強する」「重要なサーバーは2階以上のフロアに設置する」といった個別の課題と対策に終始しがちで、汎用性に欠ける面があります。

だからこそ、事業継続に関わる課題は、〝共通するリスク〟という観点で洗い出す必要があります。

原因が地震でも水害でもテロでも、例えば、本社が使用不能になることを想定し、それでも事業を継続するにはどんな課題があるかを把握し、必要な対策を取ります。そうした課題を管理するのが、ここでいう「課題管理」です。

例えば、本社が閉鎖されることを想定した場合、これに備えるためには、別のビルに本社機能を移転するという代替案が考えられます。そのためのビルの確保、確保した代替場所で本社勤務の従業員が滞りなく働ける環境の構築は、一朝一夕にはできません。中長期的な視点で投資し、備える必要があります。

他にも、重要部品を生産する工場Xが機能しなくなった場合に備える代替戦略としては、「別の工場Yでも重要部品を製造する」「工場Yにライン増設のためのスペースを確保しておく」「工場Xでの設備更新時に、古いスペックの設備を廃棄することなく、工場Yで保管しておく」といった対策を、平常時から取っておくことが考えられます。重要部品を協力会社で製造する「外部委託戦略」や、一定期間操業を停止しても足りるだけの部品を保有しておく「在庫戦略」も、検討する価値はあります。特に中小企業は自社のリソースに制約があり代替戦略を取るのが難しいため、外部委託戦略などの他企業と連携した対応は有効です。

このように、既存のシナリオベースBCPのほかに、リソースベースBCP、特に拠点というリソースが使用不可能となることを前提とした対応策の検討や、拠点代替を行うに当たっての課題の洗い出しと対策を着実に行うことで、想定外のリスクにも対応可能なBCPを策定することができるのです。

新型コロナウイルスがもたらしたもの

最後に、新型コロナウイルスの感染拡大による社会の変化について言及し、新しい時代にふさわしいBCPの在り方について解説します。

ペストやスペイン風邪など、感染症ははるか昔から、社会を脅かす要因の1つとして存在してきました。そして2020年、新型コロナウイルス感染症のリスクに、世界人類がさらされました。新型コロナウイルスの感染拡大が収束したとしても、今後も別の新種ウイルスによる新型感染症が発生、流行することは、歴史的に見ても間違いないでしょう。

ペストの流行が、世界人口の減少を招いて封建社会が衰退し、中世から近世・近代に歴史が動くきっかけになったように、新型コロナウイルスの感染拡大も現代社会に大きな影響を与えました。ステイホームの呼びかけとともに在宅勤務が一般化し、感染防止のためリモートワークが浸透するなど、私たちの働き方、生活様式を大きく変えたのです。

政府は事前に、感染症対策のガイドラインを公開していました。ガイドラインに書かれたシナリオで想定されていた感染症は新型インフルエンザで、海外で感染者が発生した場合、国内で感染者が発生した場合など、それぞれのタイミングで企業がどう対応すべきか、指針がまとめられていました。

しかし実際には、想定していた新型インフルエンザとは、異なる点も多く生じたため、政府のガイドラインに沿って感染症ＢＣＰを用意していた企業も、新型コロナウイルスについてうまく対応できなかったことが多く見受けられました。

新型コロナウイルスの感染拡大を受け、２０２０年4月、政府は緊急事態宣言を発出し、「人との接触を最低でも7割、極力8割減らす」という方針を示しました。この時期、「企業は自社の事業継続よりも、従業員による感染拡大を防止すべき」という世論が高まりを見せていました。そのため企業の多くが従業員の出勤制限を行い、事業を継続できなかった企業も少なくなかったようです。

これは、被害（災害）の原因に着目する「シナリオベースＢＣＰ」が機能しなかった典型的なケースです。新型コロナウイルスであろうがそれ以外の未知の感染症であろうが、原因が何であれ、「本社に誰も出社できない」という状況を想定して、事業継続のためのＢＣＰを策定しておく必要があったのです。

この事実からも、被害（災害）の原因に着目し、感染症などリスクごとに個別に対応するシナリオベースＢＣＰではなく、被害の結果に着目したリソースベースＢＣＰが重要であることを、理解していただけると思います。これが、弊社がリソースベースＢＣＰへのシフトを勧める最大の理由です。

新型コロナウイルス感染拡大を機に、「本社に立ち入れない」ことを前提とした代替戦略として、バーチャル対策本部の設置を検討する企業が増えています。物理的にオフィスに集まるのではなく、本社から離れた場、例えば別の拠点や自宅などからでも、必要な人員が対策に当たれるように、緊急対応のために必要なファイルやアプリケーションをまとめてクラウドに置く企業もあります。新型コロナウイルスの今後＝アフターコロナの全体像がまだ明確に見えていないうちから、こうして動き出している企業があるのです。

また、21世紀は感染症の世紀とも言われます。地球温暖化や都市化が世界的に進んでいることを背景に、今後も、我々が経験したことのない新たな感染症が発生し、我々の生活や企業活動を脅かす可能性も大いにあります。今回の新型コロナウイルスの発生を具体的に予測しえなかったように、今後、企業活動に大きな影響を与えるような危機もまた、具体的に予測することは難しいでしょう。そのような予測し難い危機に今後もたびたび見舞われることを前提に、しなやかに回復できるレジリエント（弾力のある、復元力のある）な組織を構築していくことが望まれています。その解の1つがBCPの策定であるといえます。

さらに言えば、マイナスの状況を速やかにゼロの状況まで復旧させるだけでなく、マイナスがプラスに転じる新たな事業成長戦略を含んだBCPの策定も、十分に検討の価値がありま す。BCPは、被害を受けて迅速に復旧する、あるいは事業の中断を避けるという意味でビジネスにおける〝守りの対策〟と捉えられがちです。

しかし、「ピンチはチャンス」という言葉があるように、大規模災害が発生し、他の企業が業務停止に追い込まれるような状況にあっても、〝攻めの対策〟をも盛り込んだBCPによって事業を継続できれば、苦境を脱することはもちろん、それまで以上のビジネスチャンスを見つけて収益を伸ばすことも不可能ではないでしょう。実際に、緊急事態宣言発令中、小中学校が休校になったことで、給食用の食材を学校や給食センターに卸していた業者の多くが販路を失う中、新たな販路を探し出し、給食が再開してからも新販路を手放さず、販売拡大を実現した事業者もあると聞いています。

リスクは顕在化しないに越したことはありません。しかし、どうしても避けられないリスクがある以上、リスクを奇貨とし、利用すれば思わぬ利益を得られる機会とする〝攻めの発想〟からBCPを策定することが、最善の策と言えるでしょう。

藤田 亮(ふじた・りょう)
1999年慶應義塾大学法学部を卒業、住友海上火災保険(現・三井住友海上火災保険)に入社。2006年インターリスク総研(現MS&ADインターリスク総研)に出向、BCM(事業継続管理)コンサルティングに従事。2012年インターリスク上海に駐在。中国進出企業向けに各種リスクコンサルティングサービスを開発・提供。2016年以降、MS&ADインターリスク総研にて企業・自治体等向けの事業継続マネジメントコンサルティングを担当。

安全文化

安全面のリスクマネジメントを考える上で、安全管理の仕組みを活性化させる要素が「安全文化」という概念です。利益や効率よりも、従業員やユーザーの安全を優先する〝文化〟を組織に根付かせる。このことが事故を減らし、リスクアセスメントなどの安全活動を成熟させることにつながります。

安全文化は、個人ではなく組織の問題

工場や倉庫など、事業所で事故が起きた場合、事故の責任は、現場にいた当事者だけにあるのでしょうか。この問いが、「安全文化」を考える上での原点です。

「機械に巻き込まれて腕を折ってしまった」「物が脚に落下し、ケガをしてしまった」――職場では様々な事故が起きます。そして事故が起きた後には、事故報告書が書かれる。その報告書にはこんな言葉が並びがちです。「今後は気をつける」とケガをした本人が書き、「慎重に作業するよう指導した」と上長が書き、「管理を徹底していきたい」と安全責任者が書く。これでは

関口祐輔

MS＆ADインターリスク総研
リスクマネジメント第一部
リスクエンジニアリング第三グループ長
主席コンサルタント

まるで、事故の直接的要因となるケガをした本人だけに過失があるかのようです。実際には、ケガをした本人だけが気をつければ事故の再発を防げるわけではありませんし、そもそも、労災事故を減らすことにはつながりません。

事故の要因は、組織の中にある

事故の原因は事故を起こした本人だけにあるのではなく、「手が巻き込まれやすい機械がある」「脚の上に物が落ちてくるような導線がある」、そうした現場にこそ問題があります。人が稼働している機械へ手を出してしまう行為を〝不安全行動〟と呼びますが、人の手の届くところに防護カバーなどを講じていれば手の出しようがないわけで、不安全行動をしたとしても、設備側で防護できます。「あそこは危ないな」と気がついていても放置して使用している、不安全な状態に対して危険だと認識できなくなっている現場こそが不安全行動の要因であり、そうした現場を放置している組織そのものに問題があることが大半です。

安全を最優先する組織の行動様式の土壌となる安全文化とは、個人ではなく組織に着目し、組織に内在する事故の要因を問題視できる企業文化に変えることで、事故が起こりにくい組織づくりを目指すものです。

組織に安全文化を根付かせるために

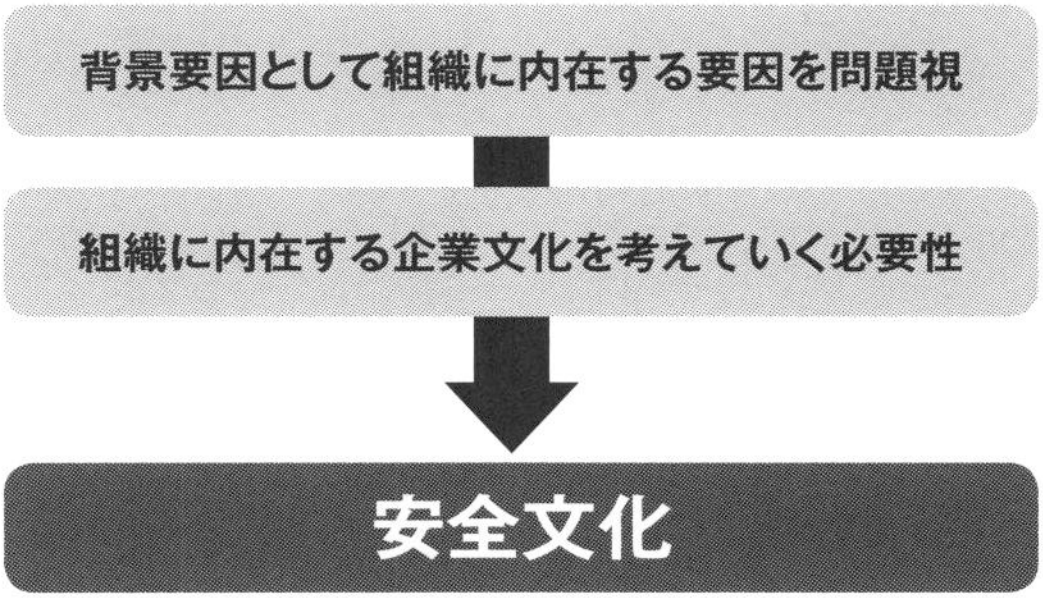

安全文化を醸成するには、企業文化を変える必要がある

安全文化という考え方は、1986年にウクライナ・ソビエト社会主義共和国（現ウクライナ）のチェルノブイリ原子力発電所で起きた原子力事故の調査から生まれました。事故の原因究明と対策の検討に当たった国際原子力機関（IAEA）の国際原子力安全諮問グループ（INSAG）はその報告書で、安全文化を次のように定義しています。

「全てに優先して原子力施設等の安全と防護の問題が取り扱われ、その重要性に相応しい注意が確実に払われるようになっている組織、個人の備えるべき特性及び態度が組み合わさったもの」（訳文出典：『平成30年版原子力白書』）

日本でも1999年に、事故災害防止安全対策会議報告書の中で初めて、安全文化について言及されました。この対策会議は、様々な重大事故の発生を契機に設置されたもので、多発した事故災害の背景に共通する問題点の洗い出しと、それぞれの問題点への対応策の検討が行われました。そこでは安全文化について次のように書かれています。

「『安全文化』の創造、すなわち組織と個人が安全を最優先する気風や気質を育てていくこと」

このように安全文化が明文化されたこともあり、日本企業も安全管理に積極的に取り組むようになりました。その活動内容も、業種や業態に合わせて様々に展開しています。しかしながら、同じような仕組みを導入しているにもかかわらず、事故の少ない組織とそうでない組織が存在します。後者では、安全活動は記録を残すために行うなど、安全活動が形骸化しているケースも目立ちます。

この違いを生んでいるのが、安全文化の浸透状況です。安全文化がしっかりと根付き、文字通りその組織の文化となっていれば、「現場に潜む危険」と「その危険を原因として発生する事故」との間に様々な〝防御壁〟が設けられていて、最終的に事故を防ぐことができます。しかし組織に安全文化が根付いていなければ、どれだけ「安全第一」を標榜していても、どれだけ安全管理の講習を受けていたとしても、事故は減りません。

安全文化を浸透させることで、それぞれの組織に既にある安全管理の仕組みを下支えし、活性化することにつながります。リスクアセスメント、KYK（危険予知活動）、ヒヤリ・ハット活動、安全パトロールなど、安全管理の仕組みが整っているにもかかわらず、事故が減少しないのであれば、その組織の中に安全文化がまだ浸透していないからなのです。

安全文化が浸透しない理由

安全文化が浸透しにくいのには理由があります。安全第一を掲げながら、実際は利益追求を第一にして、安全は二の次、三の次になっている組織が珍しくないからです。

そうなってしまう要因の1つに、「安全は利益を生まない」という誤解があります。安全性の向上と利益の向上は両立しないと考える人が少なくないのです。安全文化は残念なことに、効果を定量的に測定しにくい。これが安全文化が後回しにされる原因の1つになっています。

しかし実際に、「安全は利益を生む」のです。私自身、前職で危険物を扱う現場に身を置いた時、現場の安全管理を徹底したことで、赤字だった組織を黒字化した経験があります。安全文化を組織に浸透させるにはまず、「〝安全性の向上〟と〝利益の追求〟は両立しない」という固定観念を払拭する必要があります。

安全文化が浸透しにくいもう1つの要因に、安全面の責任者と利益面の責任者を同一人物が兼任しているケースが挙げられます。こうした場合、利益が優先され、安全性は後回しにされがちです。これを防ぐには、安全面の責任者と利益面の責任者を分けるなど、第三者の視点を取り入れることが不可欠です。他にも安全活動そのものが形骸化しているケースもあるなど、安全文化の浸透を阻む要因は様々です。

もう1つ、前述の事故災害防止安全対策会議報告書に明記された「組織、個人の備えるべき特性および態度」や「個人が安全を最優先する気風や気質」とは具体的にどんなものかについて、組織全体で共通の理解ができていないケースがよく見受けられます。その結果、本来であれば組織全体で取り組むべき課題が、現場の個人に委ねられてしまっているケースが多いのです。

安全文化の〝文化〟とは、特定の個人に委ねられるものではありません。文化とは、集団の中に共通して根差すものです。組織全体に安全文化が浸透し、それを一人ひとりが常に意識するようになれば、個人や集団の振る舞いが変わり、価値観が変わり、さらに安全に対する意識が強くなります。こうしたポジティブなサイクルを回す気風や気質が生まれなければ、安全文化は組織に根付かないのです。

安全文化を浸透させるには、安全とは直接関係しないように感じられるコミュニケーションやモチベーションといった要素が密接に関わることも、あまり認知されていません。特に、世代を超えたコミュニケーションは安全文化の浸透に欠かせません。一定の年齢より上の層、例えば管理職に就いている年齢層の方々は、安全よりも品質や仕事の生産性を重視される環境で育ったこともあり、組織内で安全に関する教育を十分に受けていない傾向があります。一方で今の若年層は、入社時から安全に関する教育プログラムを受けていることが多く、安全に対して一定の知識はあるが、経験不足による危険感受性が低い傾向にあります。こうした世代間に横たわる経験や価値観のギャップを埋めることが、組織に安全文化を浸透させるカギになります。

安全文化を軽視する組織の末路

安全文化を軽視し、実効性の低い形式的な安全活動を行う組織や事故が多発する組織には、どんなことが起こるのでしょうか。

まず挙げられるのは、労働力の低下です。ケガ人が出たり人が亡くなったりすれば、その分、労働力が削られますし、従業員の間に精神的なダメージが広がります。さらに恐ろしいのは、それが常態化しかねないことです。「ここは危険な職場・仕事だから」といった言い訳とともに、ケガを当たり前のこととして受け入れるようになったら事態は深刻です。ケガが当たり前と思われているような職場で働きたい人はそういません。現場はたちまち人手が足りない状態になるでしょう。

その影響は周囲にも及びます。事故によってケガ人が出てそれが労災と認定されると、その事業所は「安全衛生管理特別指導事業場」として労働基準監督署の監理下に入ることがあります。こうなると定期的に、労働基準監督署へ報告の義務が発生し、監査も入ります。その対応には多くの時間を要します。安全衛生管理特別指導事業場に指定されたことをきっかけに、弊社にご相談を頂くことが多数あります。

安全文化は〝8軸〟で評価する

安全文化を組織に浸透させる第一歩は、現状を知ることです。安全文化がどの程度、組織に根付いているかを把握することがスタートとなります。

ＰＤＣＡとは、よく知られているようにＰｌａｎ（施策策定）→Ｄｏ（施策実行）→Ｃｈｅｃｋ（現状把握・分析）→Ａｃｔｉｏｎ（ソリューション）とサイクルを回すことで状況を改善する手法です。しかし弊社ではまず現状を把握するために評価＝Ｃｈｅｃｋ（現状把握・分析）を行い、Ｃ→Ａ→Ｐ→Ｄの順にサイクルを回します。

評価にはいくつかの方法がありますが、弊社では安全文化研究の第一人者である慶應義塾大学大学院システムデザイン・マネジメント研究科の高野研一教授と協業研究を重ね、「安全文化

安全文化を浸透させるには？

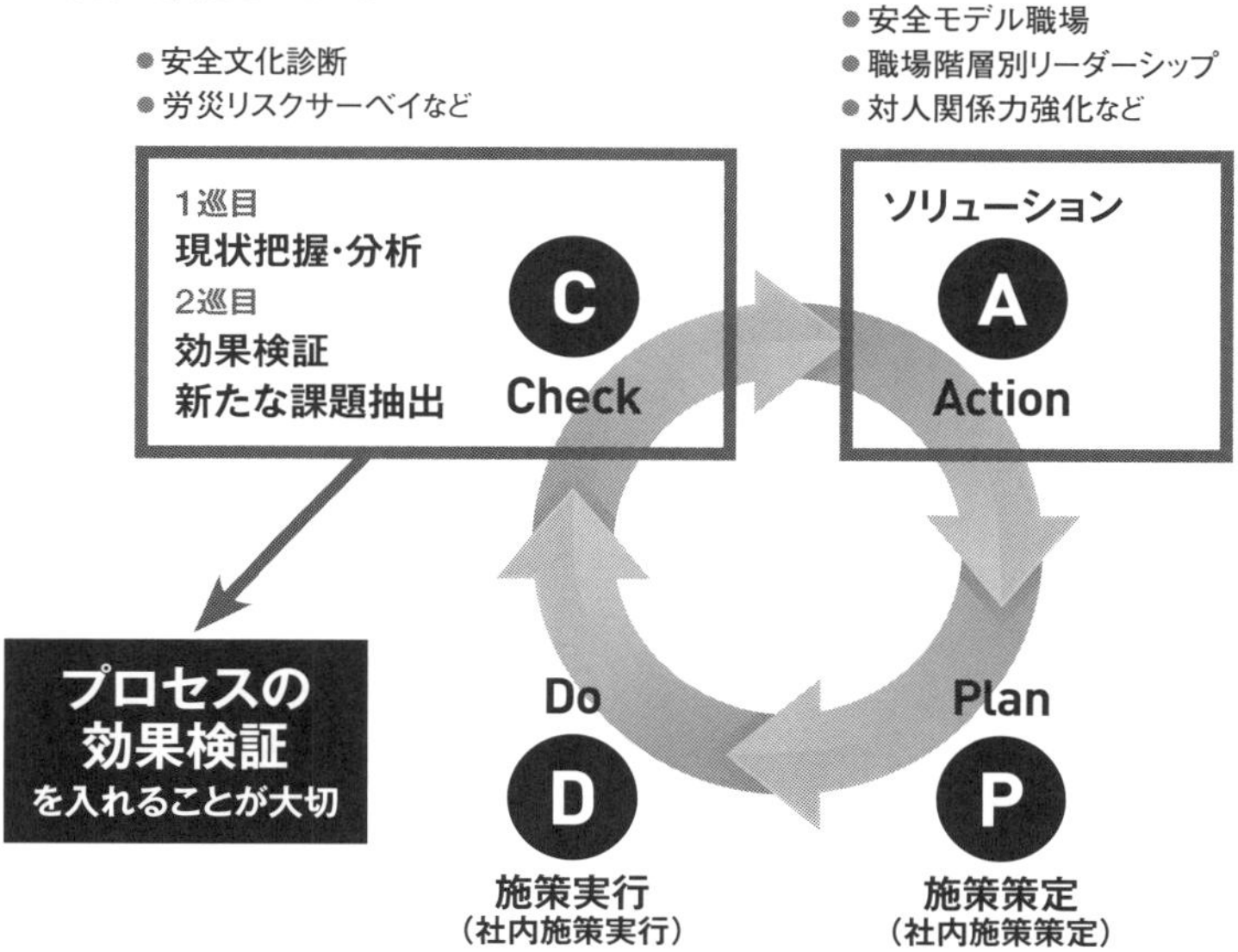

組織に安全文化を醸成するには、まずCheck（現状把握・分析）から始めて、Action（ソリューション）→Plan（施策策定）→Do（施策実行）の順にサイクルを回していく

診断」を開発しました。これは、8軸の指標に基づいた80問のアンケートによって、組織の抱える課題を定量的に評価するものです。

日本語のほか、英語、中国語、フランス語、マレー語、ポルトガル語、ベトナム語など多言語化に対応し、職制や勤続年数、部門別ごとなどでの比較も可能です。

この8軸による診断は既に製造業、建設業、陸運業、海運業、航空運輸業、医療福祉業など様々な業界で利用されており、医療機関向け安全文化診断も提

安全文化を評価する“8軸“

	軸	概要
1	**組織統率** (ガバナンス)	組織内で安全優先の価値観を共有し、これを尊重して組織管理を行うこと。コンプライアンス、安全施策における積極的なリーダーシップの発揮を含む。
2	**責任関与** (コミットメント)	組織の経営層及び管理層から従業員まで、また規制機関、協力会社職員までが各々の立場で職務遂行に関わる安全確保に責任を持ち、関与すること。
3	**相互理解** (コミュニケーション)	組織内及び組織間(規制機関、同業他社、協力会社)における上下、左右の意思疎通、情報共有、相互理解を促進すること。
4	**危険認知** (アウェアネス)	個々人が各々の職務と職責における潜在的リスクを意識し、これを発見する努力を継続することにより、危険感知能力を高め、行動に反映すること。
5	**学習伝承** (ラーニング)	安全重視を実践する組織として必要な知識(失敗経験の知識化等)、そして背景情報を理解して実践する能力を獲得し、これを伝承していくために、自発的に適切なマネジメントに基づく組織学習を継続すること。また、そのための教育訓練を含む。
6	**作業管理** (ワークマネジメント)	文書管理、技術管理、作業標準、安全管理、品質管理など作業を適切に進めるための実効的な施策が整備され、個々人が自主的に尊重すること。
7	**資源管理** (リソースマネジメント)	安全確保に関する人的、物的、資金的資源の管理と配分が一過性でなく適切なマネジメントに基づき行われていること。
8	**動機付け** (モチベーション)	組織としてふさわしいインセンティブ(やる気)を与えたり、自ら獲得したりすることにより、安全向上に向けた取り組みが促進されるとともに、職場満足度を高めること。

上記の8つの軸からアンケートを実施。組織の安全文化を診断する

3者の相互理解（コミュニケーション）と8の動機付け（モチベーション）が重要

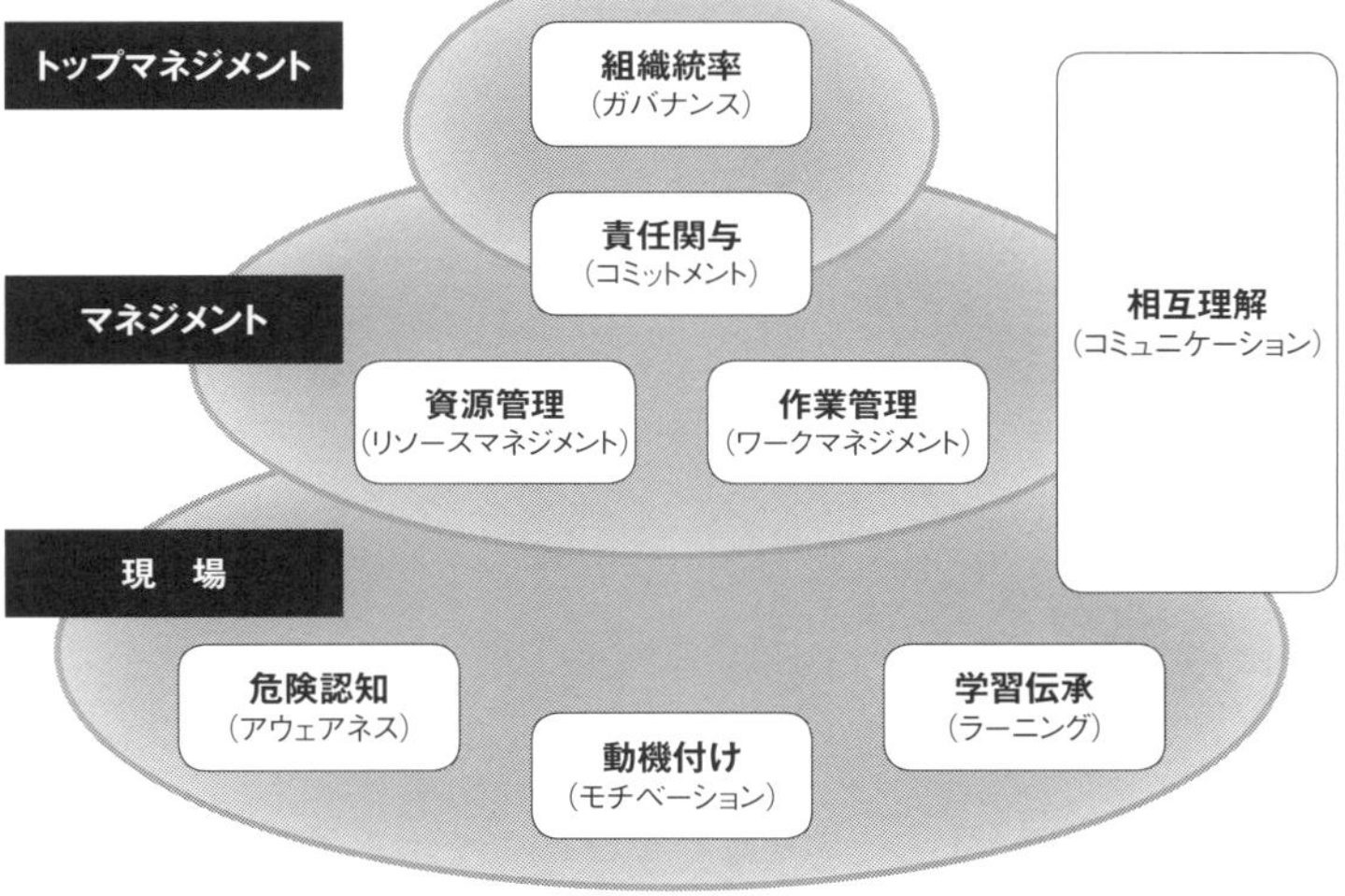

（『保安力評価実施手順書』（安全工学会）中の図表を基に弊社独自作成）

安全文化評価の8つの軸はトップマネジメント、マネジメント、現場の3つの層に割り当てられる

供しています。

これらの8軸は、互いに関係し合っています。図で示したように、トップマネジメント層には「組織統率」と「責任関与」が、マネジメント層には「責任関与」・「資源管理」・「作業管理」が、現場には「危険認知」・「動機付け」・「学習伝承」が大いに関連しており、それぞれの層は相互理解によって結ばれます。

8つの軸のうち、「相互理解（コミュニケーション）」と「動機付け（モチベーション）」が特に重要です。これまでの経験から、事故に悩んでいる組織はこの軸での評価が低い傾向にあるからです。「責任関与（コミットメント）」「学習伝承（ラーニング）」も重要な軸です。

この診断によって現状を把握した上で改善に着手し、安全文化の浸透を図ります。

環境の改善から文化を変える

文化や風土と呼ばれるものは、一朝一夕では変わりません。それを変えるには、まずは職場環境から変えることを提案しています。環境を変えれば従業員の行動が変わり、行動が変われば組織の文化が変わるからです。

例えば、薄暗い工場の天井に取り付けられた水銀灯を、LEDライトに交換します。こうして職場環境を変えると、それまではよく見えなかった汚れが目に付くようになり、従業員たちが自発的に掃除をするようになります。こうして職場環境が整い始めると、次におのずと製造ラインや仕事の仕方を見直すようになり、最終的に、事故防止につながる。これは決して夢物語ではなく、安全文化醸成に取り組んだ多くの企業で実際に起きたことです。

職場環境を変えよう、職場の風通しを良くしようと、60～70人ほどの部下に毎日「声かけ」をするようになった上長もいました。その結果、コミュニケーションが密になり、危険に関する情報も耳に入ってくるようになったそうです。「危険なところがあれば報告して」と指示しても、忙しい現場の従業員は業務がストップすることを恐れて、なかなか報告を上げません。ですから、報告しやすい、報告したくなる環境づくりが必要なのです。

安全文化の浸透は、まずは現場の環境改善から。この基本を習熟する弊社コンサルタントが現場で、そこで日常的に働く従業員にとっては当たり前になってしまった光景の中に危険を見いだし、お客様の安全面に対するリスクマネジメントの支援を行います。

関口祐輔（せきぐち・ゆうすけ）
2006年10月にインターリスク総研（現MS&ADインターリスク総研）に入社。企業・組織の安全文化の醸成、組織／人財開発コンサルのほか、火災・爆発・労災・自然災害に関する600件超の国内外リスク調査、官公庁の調査・研究事業、防災／BCP策定・訓練支援に従事。前職での12年間、建設業で高速道路や橋梁の橋脚下部工の安全・施工管理に従事後、危険物・化学物質などを輸送する総合物流業へ転身し、13営業所の統括安全管理のほか、事業所長、ISO構築業務に従事。

健康経営

従業員が病気で働けなくなることは、企業にとって大きなリスクです。従業員の健康を保持して初めて、持続的に収益を上げられるからです。「健康経営」とは、従業員の健康管理を経営課題として捉え、彼らの健康を維持・増進させることで生産性向上を目指す経営手法であり、少子高齢化社会で企業を成長させるカギになります。

「健康経営」とは、従業員等の健康管理を経営的な視点で考え、戦略的に実践することです。これは、経済産業省が掲げている健康経営の定義です。

健康経営が注目されるようになったきっかけは、同省が２０１５年に第1回となる「健康経営銘柄」を発表したことでした。同銘柄は、経済産業省と東京証券取引所が、同取引所の上場企業の中から選定したものです。その後、優れた健康経営を実践している「健康経営優良法人」を認定する制度も創設され、よく耳にする「ホワイト５００」とは、同制度で認定された大企業のうち上位５００法人を指します。こうした状況を受け、弊社が健康経営に関するご相談を受けるケースが増えてきました。

對間《たいま》裕之

MS&ADインターリスク総研
リスクマネジメント第四部
健康経営サービスグループ長
上席コンサルタント

健康経営のリスクと事業に与える影響

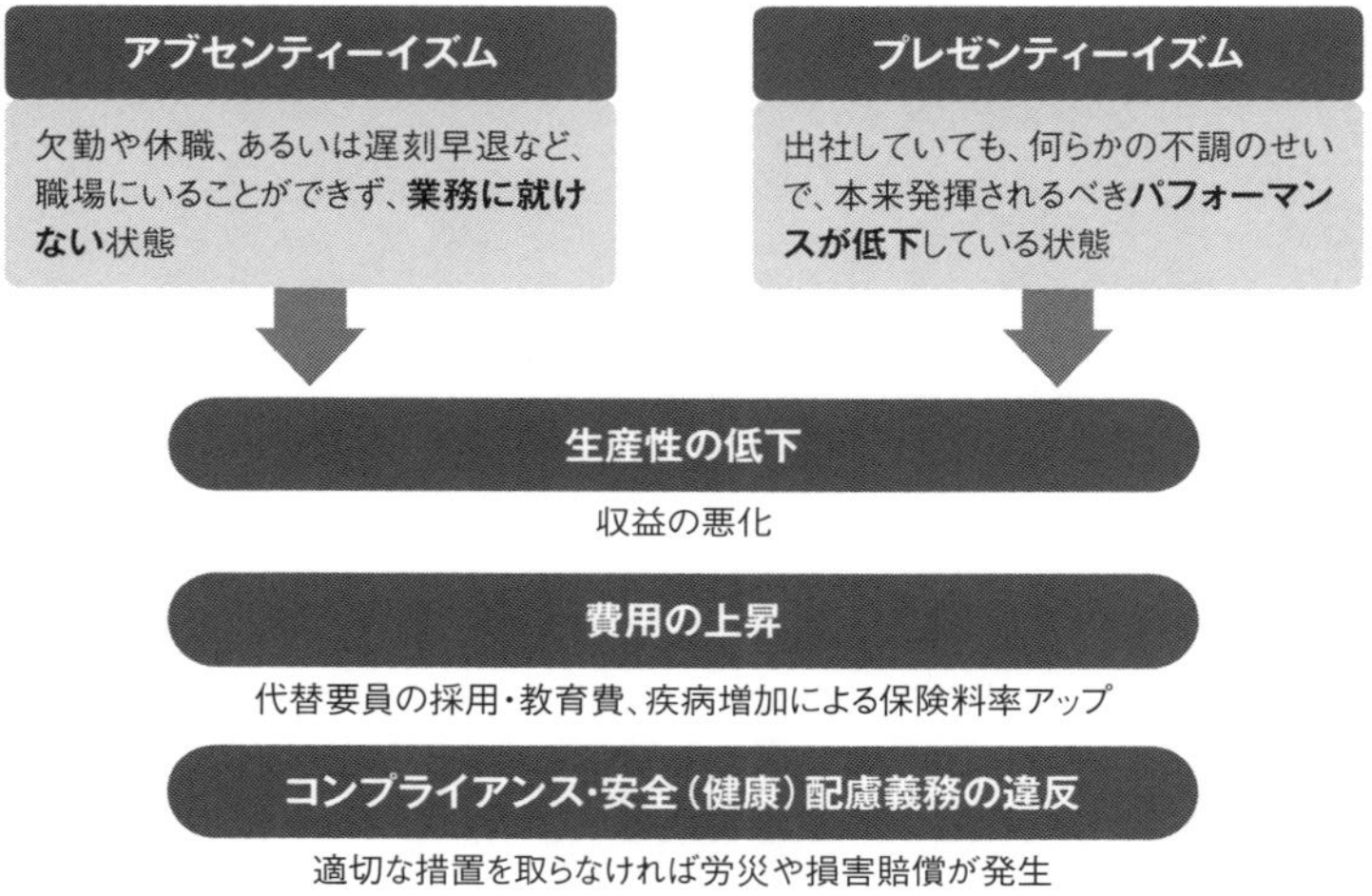

アブセンティーイズム
欠勤や休職、あるいは遅刻早退など、職場にいることができず、**業務に就けない**状態
プレゼンティーイズム
出社していても、何らかの不調のせいで、本来発揮されるべき**パフォーマンスが低下**している状態
生産性の低下
収益の悪化
費用の上昇
代替要員の採用・教育費、疾病増加による保険料率アップ
コンプライアンス・安全（健康）配慮義務の違反
適切な措置を取らなければ労災や損害賠償が発生

従業員の健康が損なわれることで、企業の中長期的なビジョンや経営目標の実現が困難になる

「健康経営ってリスクマネジメントなの？」と疑問を持たれる方もいらっしゃるでしょう。従業員の健康は、自然災害やサイバーリスクほど大きなダメージを与えるものではないのでは、と考える方が少なくないようです。

従業員が病気になれば、業務で本来の力を発揮できなくなったり（プレゼンティーイズム）、働けなくなったり（アブセンティーイズム）します。これらは企業にとって、考慮に値するリスクです。

アブセンティーイズムは、分かりやすいケースです。例えば、社長が病気で1カ月入院した、現場のリーダーがうつ病を患って休職した――こうした例が、アブセンティーイズムに相当します。既に多くの企業は、健康診断やがん検診受診を促したり、社員食堂で健康的な食事を提供したりと様々な取り組みを行い、疾病から従業員を守ろうと努力しています。

健康経営の対象は、アブセンティーイズムだけではありません。弊社ではプレゼンティーイズムも重視しています。

プレゼンティーイズムは、アブセンティーイズム以上に、見えにくい要素をはらんでいます。従業員は出社しているので、普通に仕事をしているように見え、問題が顕在化しにくいからです。例えば、「睡眠不足や肩こりのせいで業務に集中できない」「リモートワークが増えたため人との接触が減り、気分が落ち込んで仕事が進まない」といった事例がこれに当たります。こうしたプレゼンティーイズムの問題を複数の従業員が抱えていれば、全体のパフォーマンスは低下します。

これらアブセンティーイズムやプレゼンティーイズムは、従業員の〝健康上の理由により〟引き起こされ、その結果、経営に困難が生じるのです。この〝健康上の理由により〟の部分を「風水害で多くの従業員が被災したため」「サイバーテロに遭って重要な業務がストップしたため」といった状況に置き換えてみれば、健康経営がリスクマネジメントの1つであることがよく分かると思います。

このような人材面のリスクが積み重なることで、企業として中長期的なビジョンを実現できなくなり、経営目標の達成も困難になります。

〝戦略的〟健康経営とは

一方で健康経営は、リスクを減らすだけでなく、経営をよりポジティブな状態にするための取り組みでもあります。リスクマネジメントは、リスクが顕在化した際に引き起こされる〝状況がマイナスに落ち込む度合いとその期間〟を最小化しようとするもの、つまり、一時的にマイナスに落ち込んでいる状況をゼロに戻し、さらにはプラスに転じさせようとするために行われるものです。

これに対し健康経営は、働きがいやワーク・エンゲージメント(仕事に対するポジティブで充実した心理状態)といった従業員の幸福度を向上させ、プラスの状況をさらにプラスにする、つまり、全体を底上げするために行われるもので、他のリスクマネジメントとは異なる要素を含んでいます。

健康診断やがん検診の受診率を上げれば疾病のリスクの低減につながりますが、従業員の働きがいやエンゲージメント、幸福度が向上するわけではありません。企業は、健康経営をより効果的に実践するために、従業員の幸福度を高める施策・活動を、戦略的に経営に組み込んでいく必要があります。

企業を取り巻く環境の変化と言えば、グローバル化やＡＩ（人工知能）、ＤＸ（デジタルトランスフォーメーション）の浸透によるテクノロジーの高度化などが注目されがちですが、労働者の高年齢化も、現在進みつつある大きな変化です。そしてこの変化ほど、予測が簡単なものはありません。現時点で、やってくる未来を確実に見通せます。

世界でもまれに見る長寿国であり、少子高齢化が急速に進む日本では「人生１００年時代が到来する」と盛んに言われています。少子高齢化は、生産年齢人口（15歳から64歳）が減少することを意味します。

実際、国立社会保障・人口問題研究所「日本の将来推計人口（平成29年推計）」によると１９９５年には８７２６万人もいた日本の生産年齢人口は、２０１５年には７７２８万人と約１０００万人も減っており、55年には４７５１万人と、１９９５年比で45％も減少することが分かっています。人材の確保は、年を追うごとに難しくなっているのです。

少子高齢化により生産年齢人口が減ればおのずと、労働者の平均年齢は上がります。総務省の「労働力調査（基本集計）２０２０年（令和2年）12月分」によると１９７０年には生産年齢全体に占める55歳以上の割合は15％であったのに対し、２０２０年には31％に達しています。

高齢化によって、疾病を抱える労働者も増加する傾向にあります。「平成25年国民生活基礎調査の概況」で日本の年代別通院者率を見ると、20代が15・0％であるのに対し、50代では41・9％にまで増え、60代は57・７％と半数を超えます。厚生労働省が進める治療と仕事の両立支援は、こうした変化を踏まえたものです。

労働者の高齢化は、本人だけでなく家族、特に親にも健康上の課題が増えることを示唆しています。介護と仕事の両立を支援する取り組みも進められてはいますが、親の介護のために退職という道を選ぶ人も少なくありません。代わりの要員を求めたくても、人材市場は完全な売り手市場です。そうした状況で企業が事業を継続させるには、高齢化する従業員に健康で長く働き続けてもらうための環境を整えることが重要です。

「健康」とはどんな状態？

健康とはどんな状態を指すのでしょうか。例えば、通院の必要がなく、健康診断の結果がオールAで、食生活が適切で睡眠時間も十分であるといった状態が考えられますが、世界保健機

健康に関する3つのアプローチ

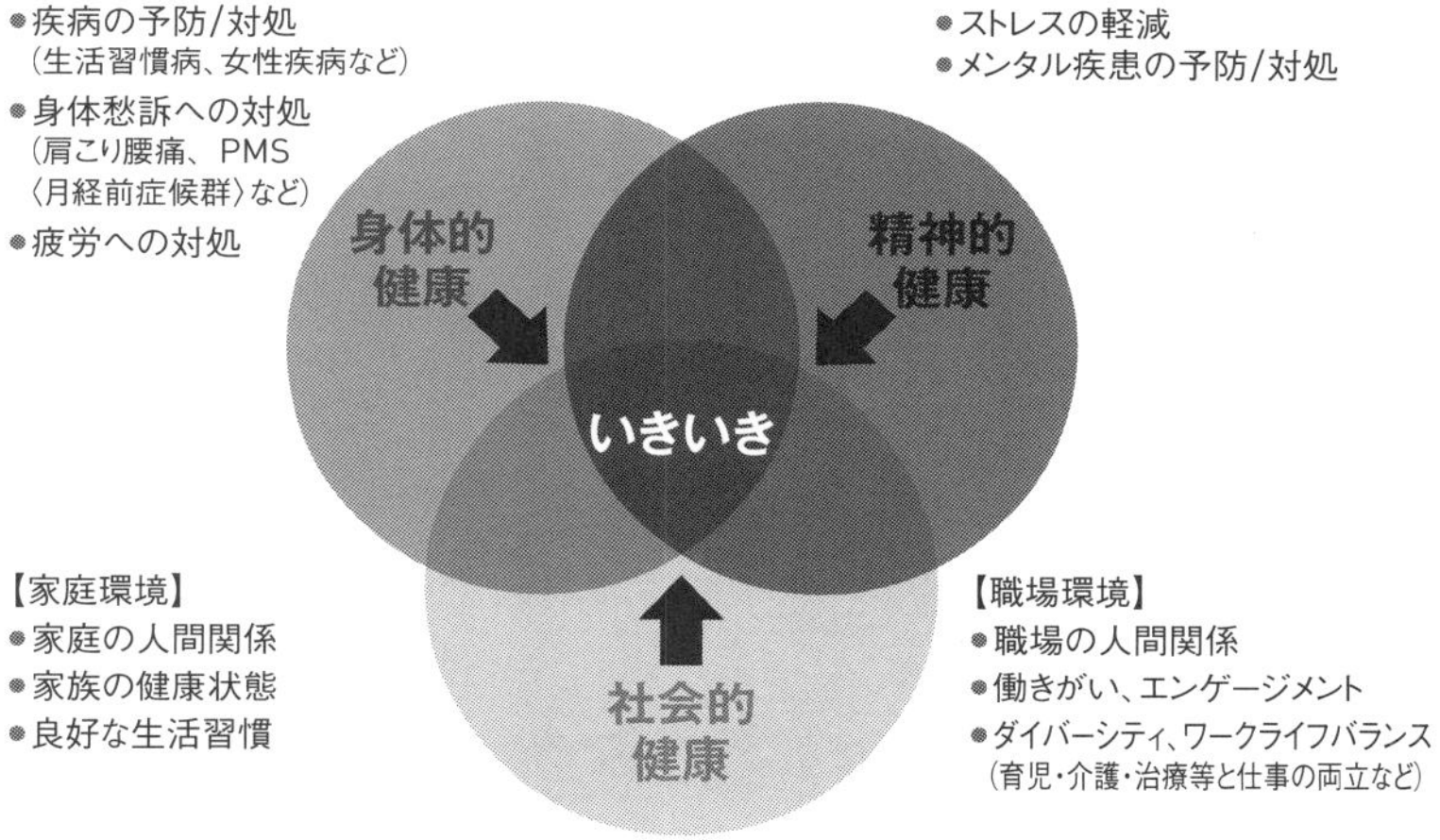

サステナブルな経営の実現に向けて、企業は従業員の健康へ身体的、精神的、社会的の3つの観点からアプローチする必要がある

関(WHO)は、健康を次のように定義しています。

「健康とは、肉体的、精神的及び社会的に完全に良好な状態であり、単に疾病または病弱の存在しないことではない」

ここで注目したいのは、「社会的」という言葉です。

肉体的健康、精神的健康と比べると、社会的健康は見過ごされがちです。従業員のフィジカル(身体)およびメンタル(精神)が良好な状態でもプレゼンティーイズムに陥ることがありますが、それはその従業員の周囲、具体的には職場や家庭が良好な状況ではない

健康経営とは

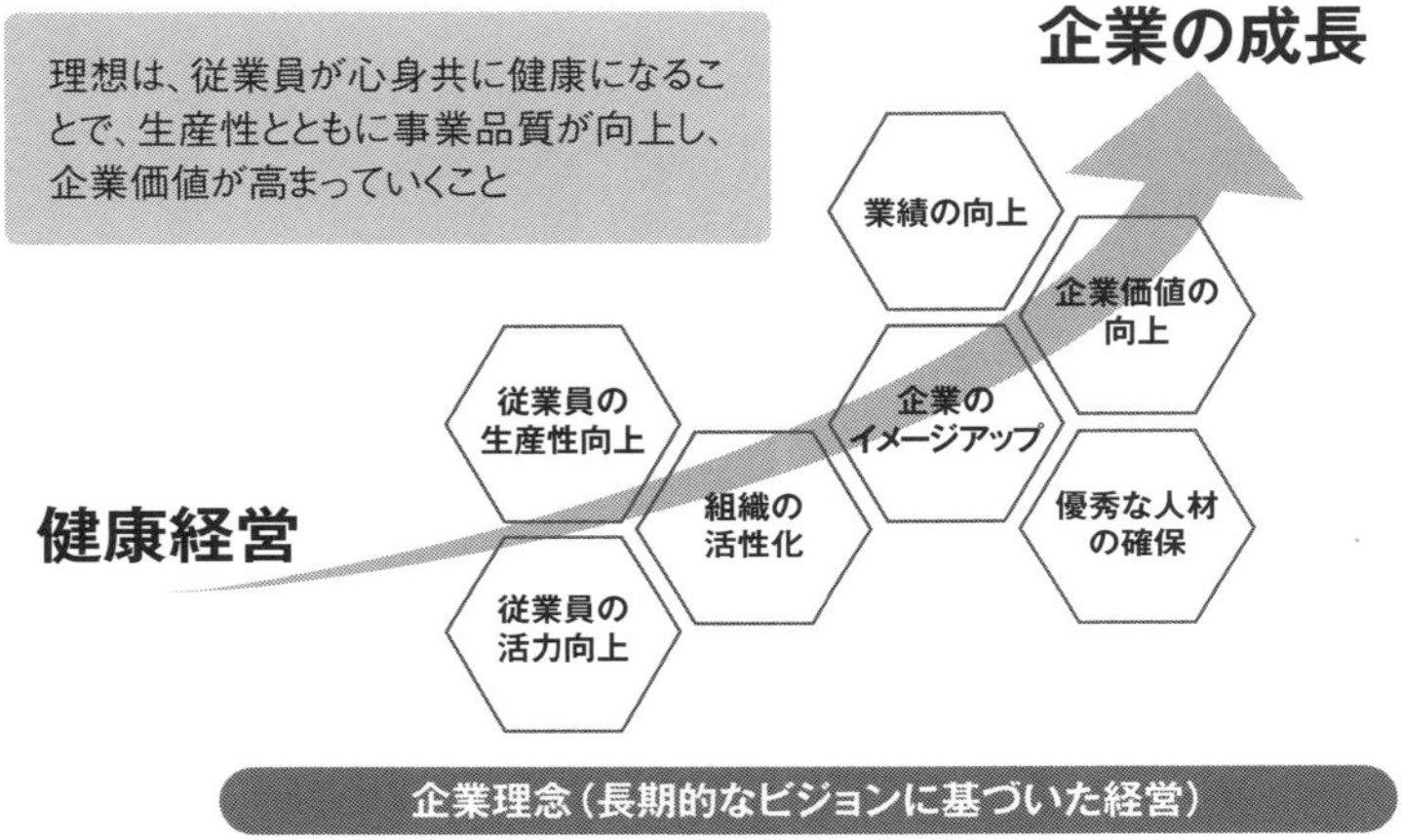

健康経営が結果として企業の成長をもたらす

場合、つまり、社会的健康が損なわれている場合にも多いと考えられます。

上の図のように企業は、経営の継続のため、従業員の心身が病気ではない状態を保つだけでなく、社会的健康の観点から職場環境にも直接介入し、よりいきいきと働き続けられる状態にすべきです。職場内のベクトルを合わせ、コミュニケーションや業務の改善を進め、多様な人材が活躍できるようにすることで働きがいやエンゲージメントが高まり、組織の健康状態はより良いものとなります。

企業が一歩踏み込み、３つの健康の観点から安心していきいきと働き続けてもらえる環境を整える。それによって従業員のパフォーマンスが高まるのです。

経営者は、常に従業員の健康が保たれるよう心がける必要があります。年に1度の「健康向上週間」のような特定の時期や業務に余裕のある時だけ、職場で働く人々の健康状態が保たれていればいいというわけではありません。将来にわたって高い生産性を維持し、年齢を重ねても持続的に働けるように、中長期的な視点で、サステナブルな経営を実現しなくてはなりません。

健康はゴールではない

健康経営は、中長期的な経営戦略や経営課題に基づいて、従業員がどうあるべきかを具体的にイメージし、その理想像に向けて具体的なPDCA（Plan＝計画→Do＝実行→Check＝評価→Action＝改善）を回していくことが重要です。「健康を維持しよう」「職場の風通しを良くしよう」などと呼び掛けるだけでは、前に進みません。

重要なのは、健康はゴールではないと、肝に銘じることです。

例えば、「従業員が健康であること」「健康診断でオールAを取得すること」といったゴールの設定では、これまで取り組んできた「健康管理」の域から脱却できない上、経営戦略・経営課題に基づいた取り組みとはいえません。自社ではなぜ積極的に健康経営に取り組むのか、中長期的なビジョンや経営目標の達成には組織や人材の活性化が不可欠であることと関連付け、これを分かりやすく社内にも伝えていく必要があります。

経営戦略・経営課題に基づいて健康経営を推進することが大きな効果を上げることは、弊社の調査からも裏付けられています。次ページのグラフは、2020年に1148社（大規模法人222社、中小規模法人926社）を対象に弊社が行った「健康経営実態調査2020」の結果です。この1148社を「経営戦略・経営課題に基づいて、具体的な健康経営の取り組みテーマを決めているか」という設問により、「経営戦略・経営課題に紐づいた健康経営を行っている法人」とそうでない法人とに分けて、その他の設問への回答を比較しました。

その結果、経営戦略・経営課題に紐づいた健康経営を行っている法人はそうでない法人よりも、従業員の「健康への関心・意識向上」「健康を意識した活動が増加」「健康経営の意味・意義の理解度向上」「部門間のコミュニケーションが活性化」といった項目の数値が上回っていることが分かりました。

とりわけ興味深いのは、健康経営の目的を「従業員の働きがいの向上」や「理念・ビジョンの実現」としている法人には、経営戦略・経営課題と健康経営を紐づけている法人が多い半面、「人

健康経営実態調査2020

■健康に関する従業員の変化　＊上位項目のみを抜粋

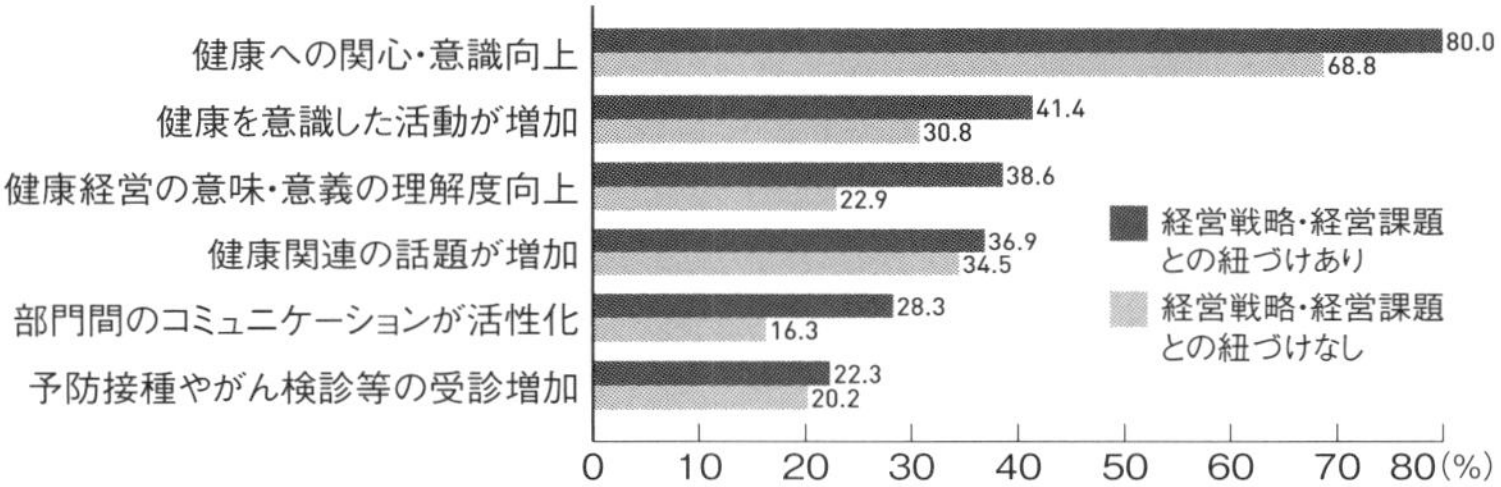

■健康経営の目的

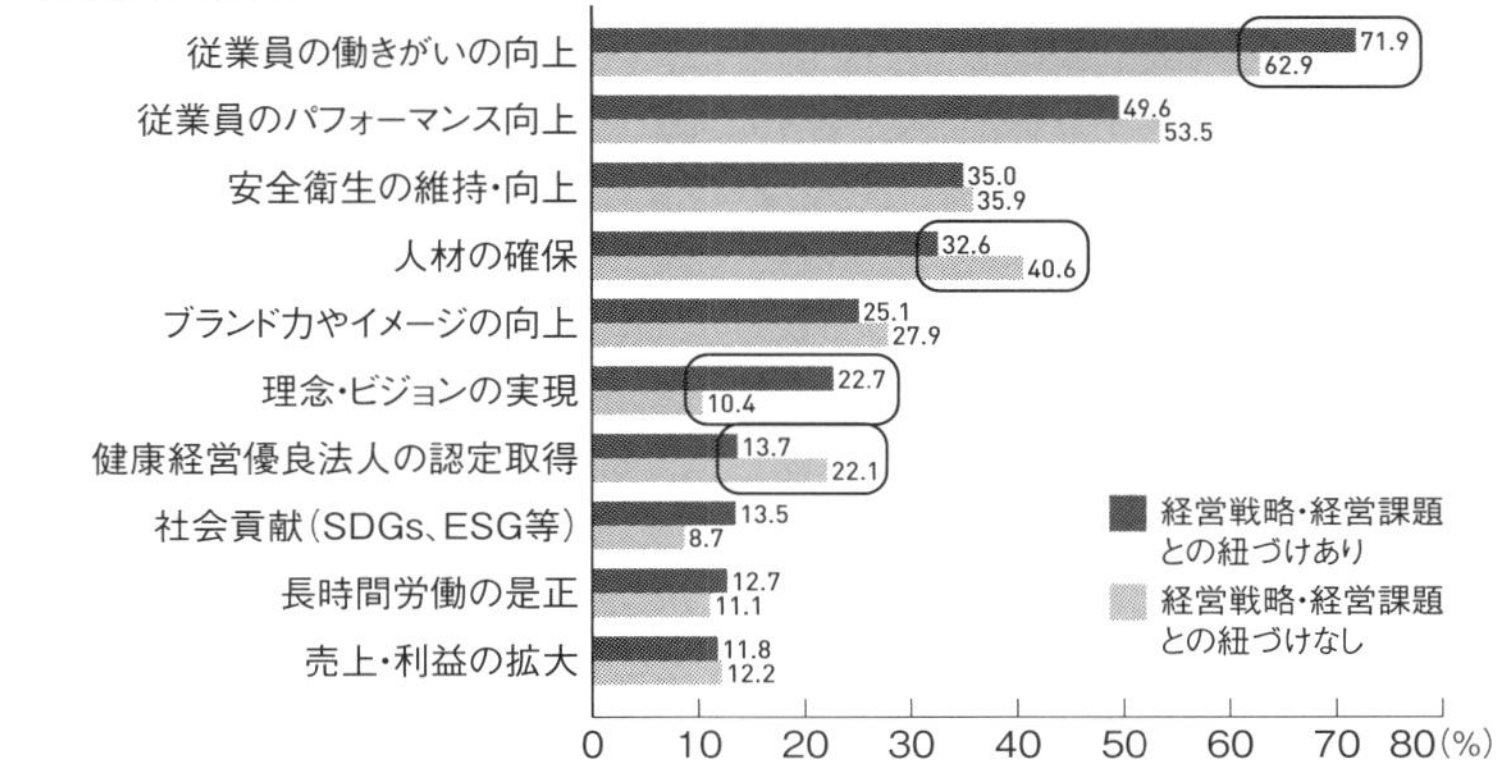

経営戦略・経営課題に紐づいた健康経営を推進している企業は、従業員の健康へのリテラシーがより高まりやすい

【調査概要】

①**調査目的**：既に健康経営に取り組んでいる法人における「従業員のヘルスリテラシー向上を中心とした取り組み」の実態と課題を明らかにすることを通じて、健康経営をさらに意義ある取り組みとして普及させること

②**調査対象**：2019年健康経営優良法人の認定取得企業　3179社
※全認定法人（3318法人）中、HP等の公開情報で住所確認ができた法人（95.8%）

③**調査期間**：2020年1月14日（火）～2月3日（月）

④**調査票の配布方法**：人事部門等（健康経営推進担当者）に郵送

⑤**回収状況**：

送付先	送付数	有効回答数	有効回答率
大規模法人	739	222	30.0%
中小規模法人	2440	926	38.0%
全体	3179	1148	36.0%

材確保」や「健康経営優良法人の認定取得」としている企業には、経営戦略・経営課題と健康経営を紐づけていない法人が多かった点です。また、〝紐づけ〟している法人は、中長期的な計画を立て、全体目標と照らした上で個別施策を立案・実行し、社長や経営層が情報発信を行う傾向があります。したがって、経営戦略・経営課題に紐づいた健康経営を推進している企業の方が、「従業員の健康へのリテラシー（物事・テーマを理解し、活用できる状態）が高まる」と言えるでしょう。

健康な企業は、優秀な人材を引き付ける

企業が健康経営を実践する場合、どの部門が主導するのが適切なのでしょうか。

一般的には、従来から健康管理を担ってきた健康管理室が担当するケースが多いようです。しかし、健康経営で目指すものが従業員の心身の健康だけではなく、経営戦略に基づいた企業価値の向上や生産性の向上、エンゲージメントの向上や離職率の低減などにも及ぶのであれば、むしろ人事部内の企画担当部署が所管するか専門部署を置いて積極的に推進することが望ましいでしょう。

一方、担当部署が複数にまたがる場合、例えば、従業員の心身の健康については「健康管理

室」が担当し、職場の健康状態の向上については「人事部」が主導するといった役割分担もいいでしょう。ただしこの場合も、「健康経営で目指すゴールは何か」という点を共有した上で、これに基づいてそれぞれの目標値を因数分解して設定し、計画や役割を明確にしておく必要があります。

健康経営の目標の1つとして「離職率の低減」に取り組むケースを考えてみましょう。離職の要因は様々です。若年層の場合はメンタル疾患による離職が比較的多く、年代が上がると、がんなどの病気になったり、親の介護が必要になったりして離職するケースが増えます。一口に「離職率の低減」といっても、その対策は対象とする世代によって異なり、それを主導する部門も異なってきます。

健康経営を積極的に推進する企業、特に中小企業は、人材確保を目的とする例が少なくありません。健康経営優良法人に認定されることが一種の「ホワイト企業」としてのステータスとなり、人材採用の際に優秀な人材を引き付けるアピールポイントになると考えるからです。経済産業省の調査でも、健康経営に取り組むホワイト企業に対し、就活生やその親は好意的だという結果が出ています。

ただ、人材確保を目的として対外的なアピールのために健康経営に取り組んでいる企業は、その活動を経営戦略や経営課題と結びつけて捉えていないことが多く、取り組みも表層的なものになる傾向があります。健康経営に取り組むなら、まずは既存の従業員がその企業の方針や施策に賛同し、「ぜひこの会社で働き続けたい」と思えるような組織づくりを進めるべきでしょう。そうした前向きな施策を広くＰＲすれば、働きやすい職場で力を発揮したいと考える人材を引き付けることにつながります。

ニューノーマル時代の健康経営

企業の経営スタイルを変え、多くの人の働き方を変えた新型コロナウイルスの感染拡大は、健康経営にも大きな影響を与えました。

弊社を例に見てみましょう。全従業員が原則として在宅勤務だった２０２０年5月、弊社は国内従業員を対象に、在宅勤務の実態調査を行いました。在宅勤務の実態を知ることで、その利点と課題を洗い出し、改善を図るのが狙いでした。

調査の結果、在宅勤務時には「睡眠時間を確保でき、食事の栄養バランスが良くなった」「隙間時間を使った家事ができるようになった」といった利点があることが分かりました。一方、「運動不足に陥りがちで、仕事と生活の切り替えがしにくい」「孤立感がある」といった課題も

在宅勤務の実態調査

■在宅勤務の評価（オフィス勤務時との比較）

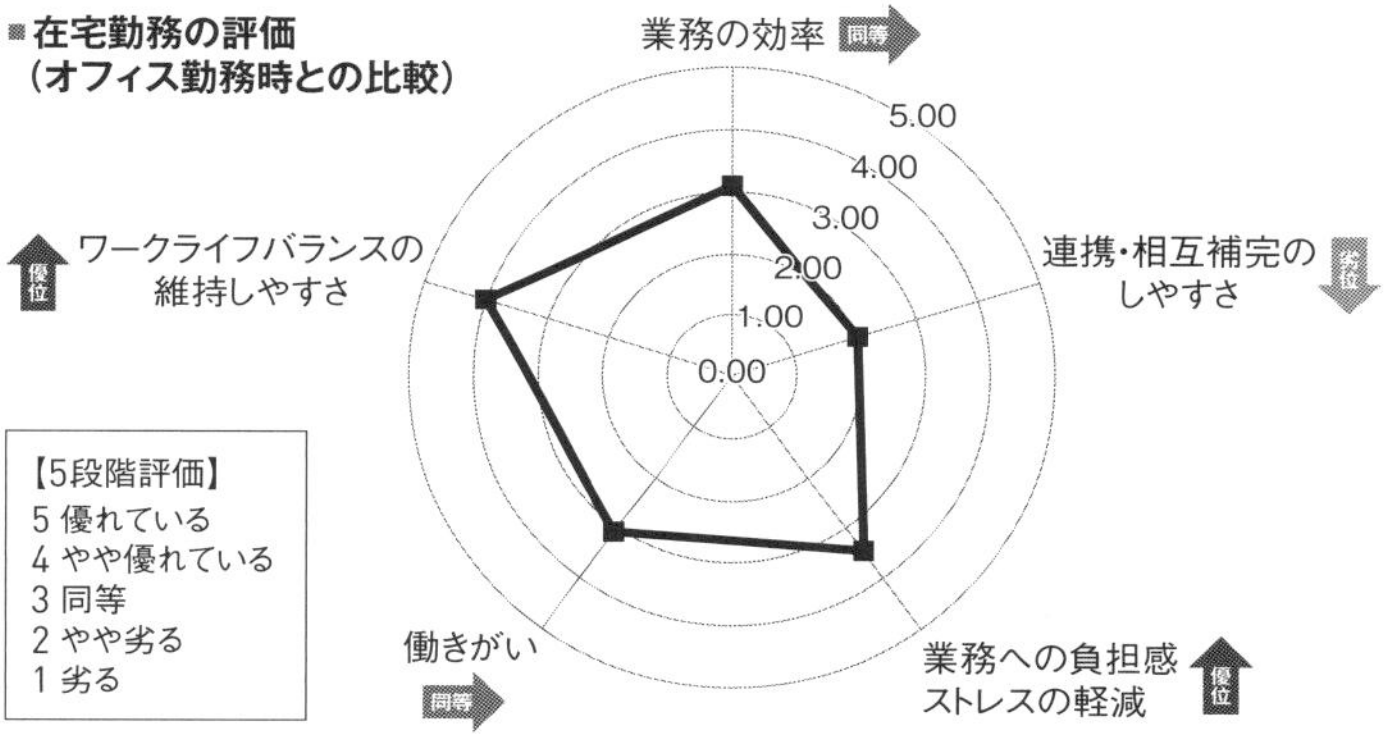

■家庭の状況による比較

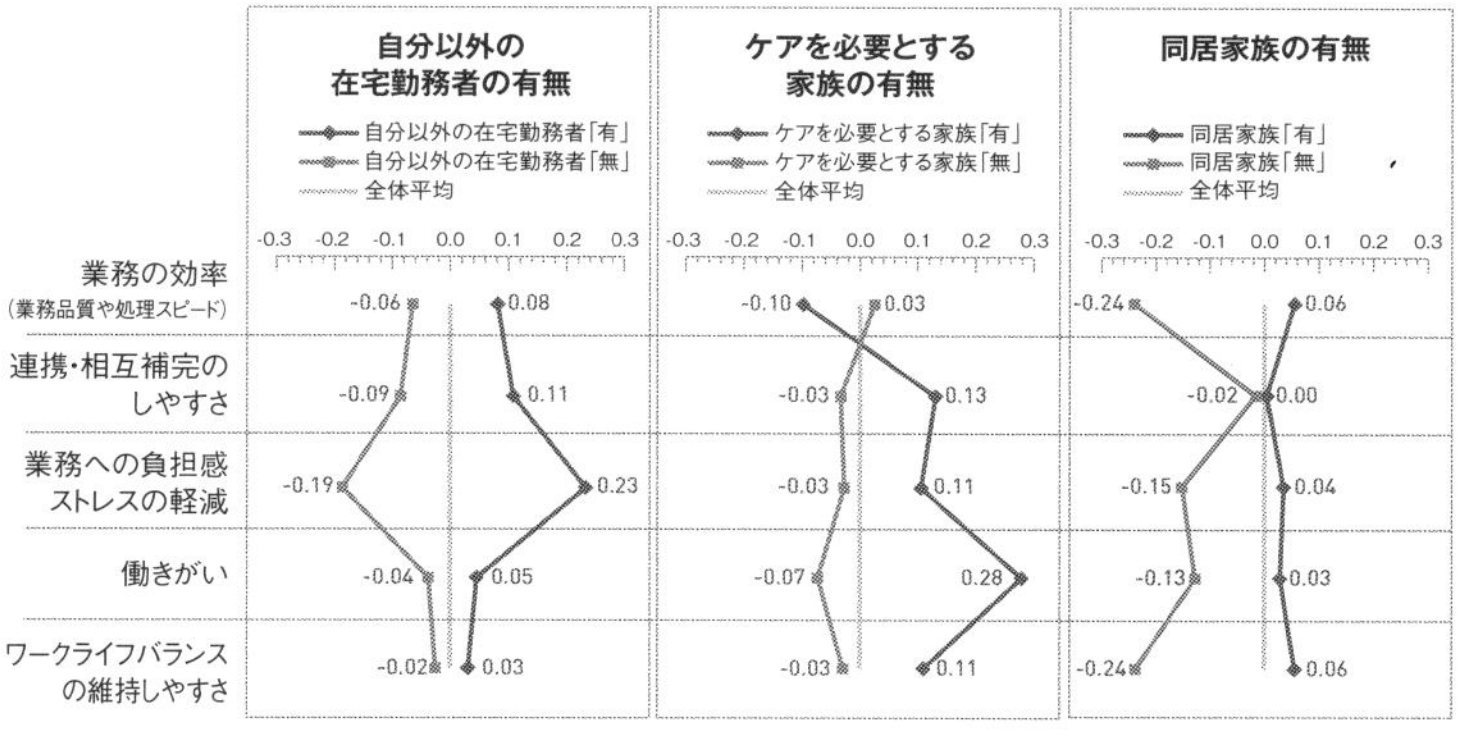

対象	弊社 国内従業員265人（回答率98.5%）
実施期間	2020年5月下旬　※原則全社員 在宅勤務期間中

MS&ADインターリスク総研の国内従業員を対象に在宅勤務の実態を調査し、利点と課題を洗い出した

判明しました。管理職以上の社員と一般社員とを比較すると、連携や相互補完のしやすさについて、管理職社員ではさらに課題を感じていることも分かりました。

次に、「（1）家族に自分以外の在宅勤務者がいる」「（2）育児や介護などケアを必要とする家族がいる」「（3）同居家族なし」という3つの属性別に傾向を調べたところ、（1）の家族に自分以外の在宅勤務者がいる人では良好な結果が得られたのに対し、（2）の育児や介護などケアを必要とする家族がいる人では、働きがいなど複数の項目の数値が高い一方で業務効率のみが低下していました。そして（3）の同居家族なし、つまり一人暮らしの従業員では、業務効率・ワークライフバランスの維持しやすさ・働きがいといった項目の数値が、著しく低下していることが分かったのです。

この結果は、家庭の状況が従業員の働きがいや生産性に関係することを示唆しています。これからの健康経営では、こうしたリモート環境下での課題にも目配せし、対策を打っていくことが重要になるでしょう。

對間裕之（たいま・ひろゆき）
1999年、早稲田大学第一文学部を卒業し、システム企業やベンチャーキャピタルでの勤務を経て、早稲田大学大学院アジア太平洋研究科でMBAを取得。2007年、MS&ADインターリスク総研へ入社。事業継続マネジメント、情報セキュリティ、労働安全衛生などの分野を経験後、健康経営分野事業の立ち上げおよびコンサルティングに従事。2020年4月より現職。健康経営を成果につなげるには、ビジョンや経営計画に基づいた健康経営の実践が不可欠との考えの下、様々な企業へ短期・中長期の視点から計画立案・実践をサポートしている。

リスク計量

自然災害による被害予測では、リスクの程度を推量するための「リスク計量モデル」が重要な役割を果たします。米国企業のモデルが主流だった中、弊社がMS&ADインシュアランス グループの中心になって、日本の状況に適応したリスク計量モデルを開発。その応用範囲は、気候変動やサイバー攻撃、感染症被害など、様々な予測に広がっています。

リスクという言葉は様々な場面で使われますが、リスク計量の観点では、ある程度、被害や損失などの不利益な結果を想定できて、それを確率で考えられるものをリスクとして扱います。例えば、地震や台風などの自然災害は過去の経験から、どの程度の確率でどんな被害が発生するか、規模も含めて想定できます。このようにリスクとは、「(リスクが)顕在化する確率」と、「それによる被害の規模」とで表すことができるものを指すのです。

「もし超巨大台風が来たら大変な被害が出るだろう」といった想定だけでは曖昧過ぎて、対策の優先度や費用対効果の検討が進まず、適切な対応が行えません。リスクマネジメント上では、リスクを定量化して評価する、つまり、リスクを数値や数量で表して評価することができなけ

堀江 啓

MS&ADインターリスク総研
総合企画部
リスク計量評価グループ長
フェロー

れば大きな効果が期待できないのです。

人類は長い間、リスクの定量化（数値や数量で表して評価すること）を試みてきました。弊社は、リスク顕在化の確率を算出することで、そのリスクを定量化できると考え、2007年に入社してからは第一の仕事として、約10年間を費やして自然災害リスクの分析に必要な計量モデルを開発してきました。この項では、リスクを数値で把握するために欠かせない計量モデルについて解説します。

自然災害モデルを構成する3つのモジュール

自然災害のリスクを数字で把握するための計量モデルは、3つのモジュール（要素）で構成されています。

1つ目は、「ハザードモジュール」です。地震ならば、「発生場所やマグニチュードから、リスクマネジメントをしたい各地点の揺れ」を、台風ならば「中心気圧や経路から、リスクマネジメントをしたい各地点の風速や浸水深」を計算することで導き出されます。

2つ目が、「脆弱性モジュール」です。ここでは、ハザードモジュールによって算出された数値と、各地点にある建物の情報を掛け合わせることで、被害の大きさを算出します。同じよう

計量モデルを構成する3つのモジュール

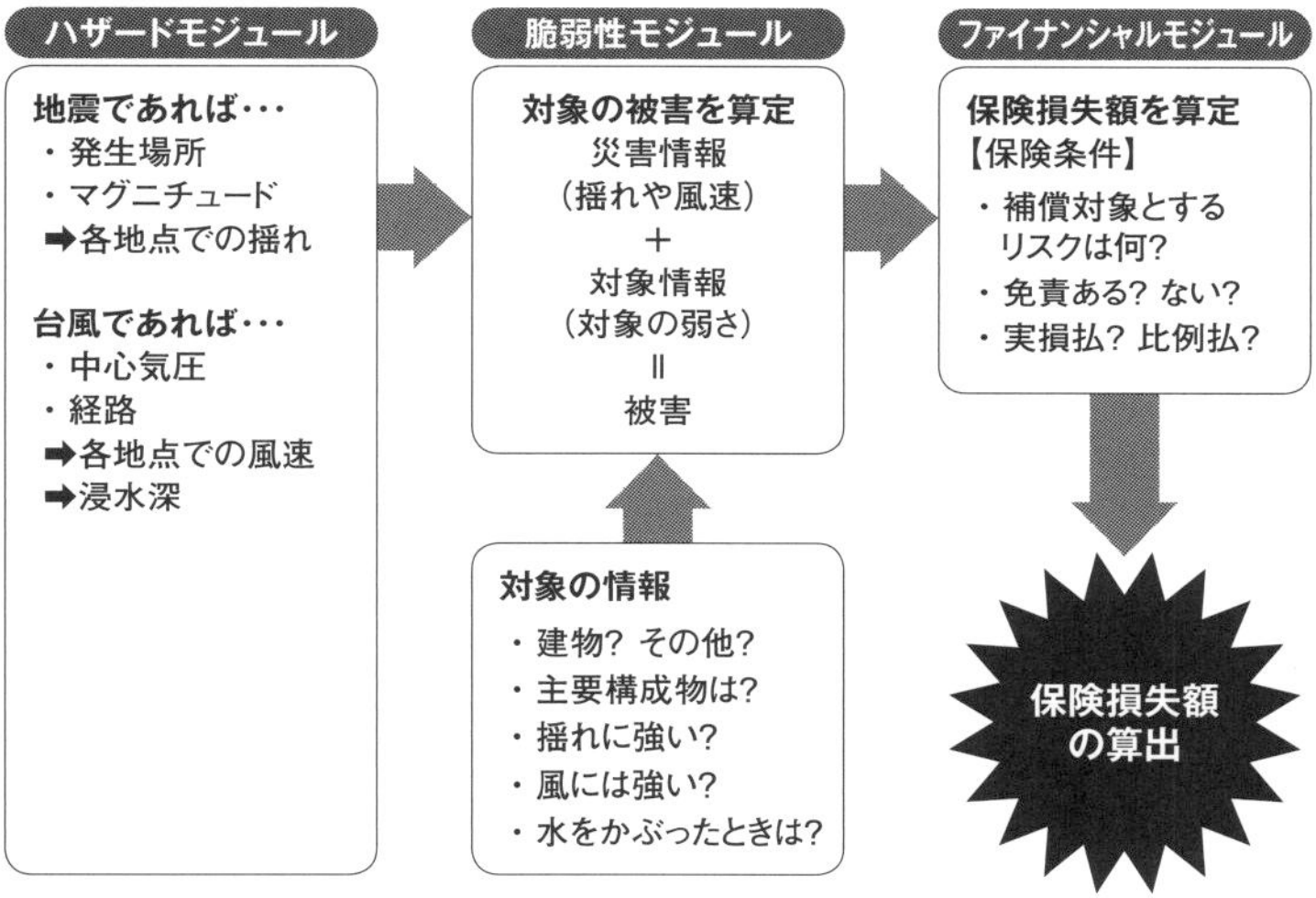

ハザードモジュール、脆弱性モジュール、ファイナンシャルモジュールを組み合わせることで、自然災害と建物の情報から、被害の大きさや保険損失額を算出できる

な揺れや浸水の状態であっても、個々の建物の強度や高さによって被害の大きさは異なります。それぞれの建物の情報を、ハザードモジュールの結果と組み合わせるのです。

3つ目が、「ファイナンシャルモジュール」です。これは、損害保険会社が保険損失額を算定する時に使用するモジュールです。どの程度の規模の地震や台風に襲われれば、建物がどの程度の被害を受けるのか、支払保険金はどの程度になるのか、その根拠となる数字をこのモジュールで計算します。

こうした計算を地震や台風などの

ハザードの発生確率を考慮して行うことで、リスクを定量化することが可能になります。

損害保険会社におけるリスク計量モデルの活用

損害保険会社は、ハザードモジュール、脆弱性モジュール、ファイナンシャルモジュールという3つのモジュールを利用して損害額を算定し、それに見合った保険料の設定や自社のリスク管理のためにリスク計量モデルを活用してきました。計量モデルの精度を高めることは、適正・適切な保険商品やサービスを生み出すことにつながるわけです。

計量モデルで算出した損害額が過大になると、例えば保険料が高くなり過ぎて、保険商品を販売することそのものが難しくなります。また過小に算出してしまうと、リスクが顕在化したのちに想定を超える損害が出たら、損害保険会社の経営が立ち行かなくなってしまう可能性があります。しかし、計量モデルの精度が向上したらどうでしょうか。これまでは実用化を諦めていた保険も、商品化でき、健全な保険経営のもとで提供できる可能性が出てきます。

保険会社の多くがここ数年、戦略的リスク経営（ERM）を実践しつつあります。これは、「取るべきリスク」と「許容しうる損失」とを定め、保険会社としての健全性を確保しつつ収益性の維持向上を図り、企業価値の継続的な拡大を目指す経営です。それを可能にするための基盤技術がリスク計量モデルであり、より精度の高いリスクの定量化への期待が大きく膨らんでいるのです。

米国企業が独占していた計量モデル開発

リスクを定量化するためのモデルとして、米国にはリスク・マネジメント・ソリューションズ、AIRワールドワイド、そしてコアロジックの一部門であるEQECAT社という3大モデルベンダー(販売供給企業)があり、世界中の損害保険会社の多くはこの3社が提供するモデルのいずれかを採用し、損害額を算定していました。

しかし、これをそのまま日本で使用するには問題がありました。なぜなら3つの米国製計量モデルによる計算結果には、それぞれかなりの差異があったからです。

そもそも、計量モデルを使って予測を出す場合、3つのリスクを考慮する必要があります。

1つは、モデル化やモデルの選択を誤ることによる「モデルリスク」。次に、入力誤差やパラメーターの推定誤差による「パラメータリスク」、そして最後が、偶然性を排除できない予測である以上は決して避けられない誤差である「プロセスリスク」です。例えば矢を的に当てようとする状況を例に考えてみると、〝狙う場所がずれている〟状況が「モデルリスク」、〝狙ったとこ

モデルを使った予測に含まれる「3つのリスク」

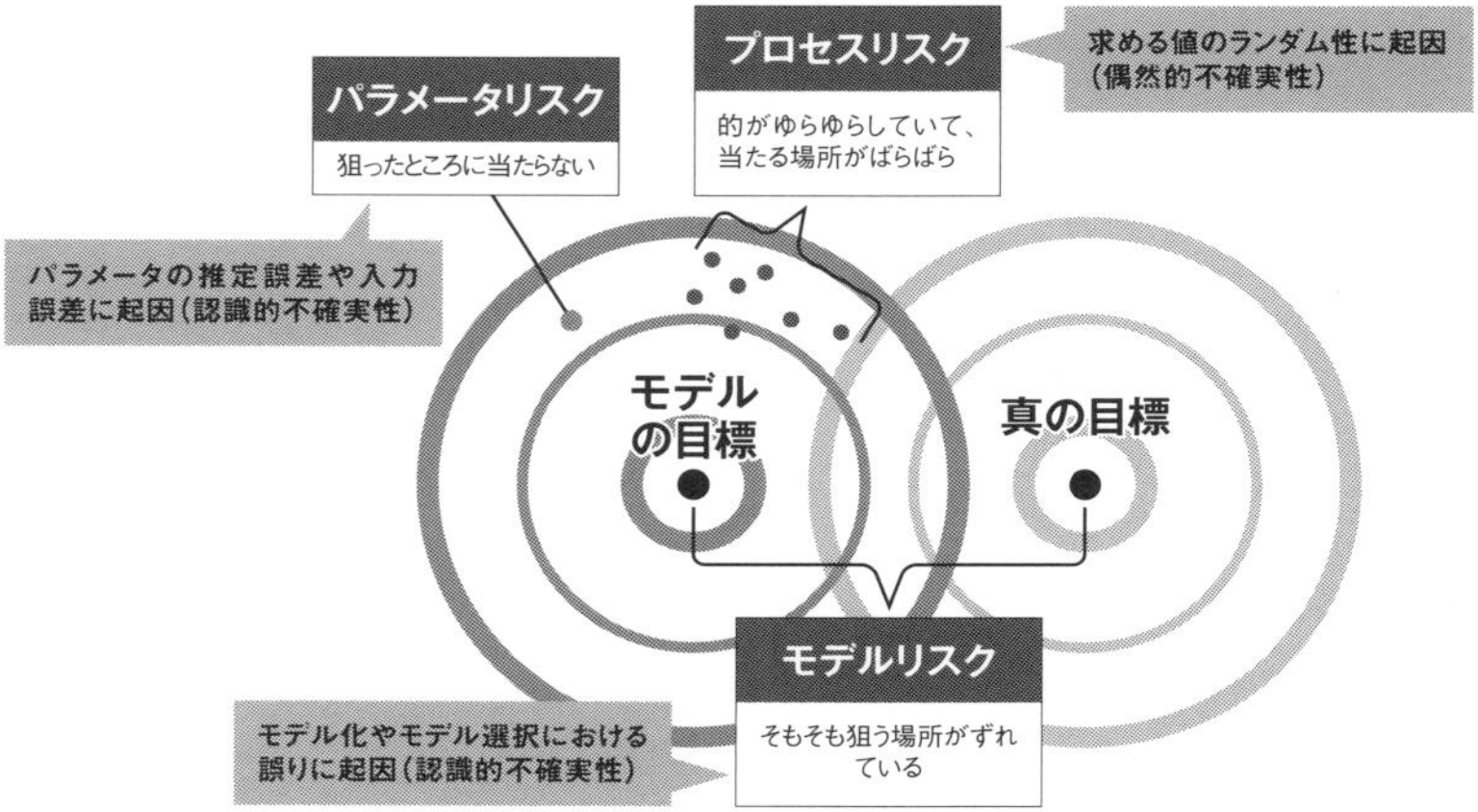

プロセスリスク
的がゆらゆらしていて、当たる場所がばらばら
求める値のランダム性に起因(偶然的不確実性)
パラメータリスク
狙ったところに当たらない
パラメータの推定誤差や入力誤差に起因(認識的不確実性)
モデルの目標
真の目標
モデルリスク
そもそも狙う場所がずれている
モデル化やモデル選択における誤りに起因(認識的不確実性)

モデルを使って予測する場合には「モデルリスク」「パラメータリスク」「プロセスリスク」の3つのリスクがあることを意識する必要がある

ろに的が当たらない〟状況がパラメータリスク、〝的そのものがゆらゆらしていて当てられない〟状況がプロセスリスク、と言い換えることができます(上の図を参照)。

計算できる損害額があくまで予測である以上、その結果は唯一の正解に収束するものではなく、幅があって当然です。しかし100%誤差のない〝完全に正確な〟予測は不可能にしても、このモデルリスク、パラメータリスク、プロセスリスクという3つのリスクを意識することで、不確実性を小さくすることはできます。〝予測〟と〝実際〟とのかい離を減らすことで、計量モデルを使用するリスクを低減できるのです。

先述の米国3社が提供する計量モデルを詳しく検証すると、いずれもモデルリスクはさほど大きくないだろうということが分かりました。3社の計量モデル化の手法そのものは、科学的に間違ってはいないのです。

しかし、パラメータリスクが存在しました。日本に特有の事情が考慮、反映されていない点がいくつも見つかったのです。例えば、日本には鉄骨鉄筋コンクリート(SRC)構造の建物がいくつもありますが、海外にはこの建物構造があまり見られないため、3社の計量モデルはこのような日本特有の構造を正しく取り込むことができないことなどが計算結果に影響を与えていたことが分かりました。ほかにも、3社の計量モデルには日本の保険商品の特性が十分考慮されていない、と判断せざるを得ない点も散見されました。

こうした状況を受け、弊社グループは米国のモデルベンダーと協力して、日本の状況に合った計量モデルの開発を決断しました。私自身は2007年の夏から1年間、米3大モデルベンダーの中の1社に客員研究員として勤務し、それまで〝ブラックボックス〟とされていた計量モデルの実態を知ることができました。

この勤務経験の中で、計量モデルと、それを用いたシミュレーションに対する考え方にも、日本と米国には違いがあることに気づかされました。米国では、データや知見が不足して理想的なモデルがつくれないとしても、「最終的な予測が使用目的に照らして妥当であればよし」とされる風潮があります。その前提として、「正確な予測はできない」という共通認識が根底にあるからです。一方、日本では「どのように予測しているか、計算の方法や使用データは妥当か」を説明できることが重視されます。この前提には、「予測する以上は、正確でなければ使えない」と考える傾向が根底にあるからです。結果として当時の米国企業の計量モデルは、こうした日本特有のリクエストに十分に応えられるものではなく、そこで保険会社のデータや日本特有の情報を米国のモデルベンダーに提供して共同開発することにより、より精緻な地震・台風モデルを完成させました。

リスクの計量モデルは当初、損害保険会社での使用を想定したものでしたが、弊社グループが開発したモデルは保険以外の様々な分野にも応用が可能です。例えば台風が接近している時、全国に店舗展開している企業は「どの店を営業し、どの店を休業すればいいのか」「従業員を店に向かわせるのか、それとも自宅待機させるのか」など、様々な判断を下さなくてはなりません。こうした時に判断基準となるのが、接近している台風の風力や雨量にもとづく被害の予測です。この予測の精度が低いと、甚大な台風被害を想定して全店休業と決めたのに現実には風も雨も大したものではなかった、といったことが起こりえます。これは事業継続や収益にも直結する問題です。精度の高い予測は、正しい経営判断を下す際の大きな助けとなるのです。

リスクを定量化する2種類の方法

リスク計量モデルの実態は、コンピュータープログラムです。何らかをインプットし、何らかのアウトプット、つまり定量化されたリスクをはじき出します。

ここでいうインプットとは、地震の発生地点やマグニチュード、台風の気圧や進路です。当然ながら、何をインプットするかで、アウトプットは変わります。例えば地震なら「南海トラフ巨大地震が起こったら」「関東大震災と同規模の地震がもう一度起こったら」、台風なら「伊勢湾台風規模の台風がもう一度襲来したら」といったリスク要因をインプットすることで、日本各所に拠点を持つ企業の損失額がアウトプットとして算出されます。

これを、「シナリオ型評価」と呼びます。南海トラフ地震や巨大台風といった特定のシナリオに対する被害を評価するからです。

このシナリオ型評価では、南海トラフ地震など、特定の「想定される自然災害」による損失額を計算できます。しかし実際に発生するであろう災害は南海トラフ地震だけでなく、多種多様

シナリオ型評価と確率論的評価

シナリオ型評価

最大級の地震動をもたらす地震が **“明確”**
⇒特定のリスクに備える

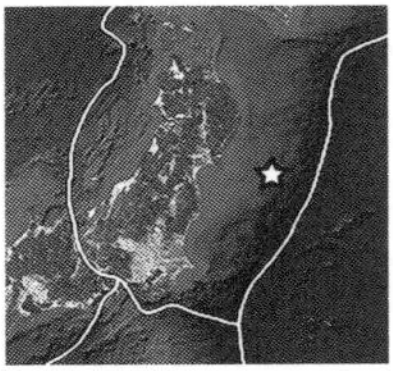

順位	地震名	予想損失額（億円）
1	想定南海地震	1,107
2	1923年関東地震再来	989
3	2011年東北地方太平洋沖地震再来	836
:	:	:
:	:	:
:	:	:

確率論的評価

最大級の地震動をもたらす地震が **“不明確”**
⇒最大のリスク量を確率的に定める

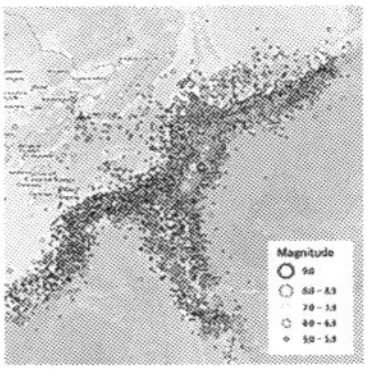

今後１年間に発生しうるハザードに確率を持たせた確率論的イベントカタログを使用

年超過確率	再現期間（年）	予想損失額（億円）
10.00%	10	184
5.00%	20	404
2.00%	50	662
1.00%	100	822
0.50%	200	969
0.20%	500	1,149
0.10%	1,000	1,271
年間期待損失額		73

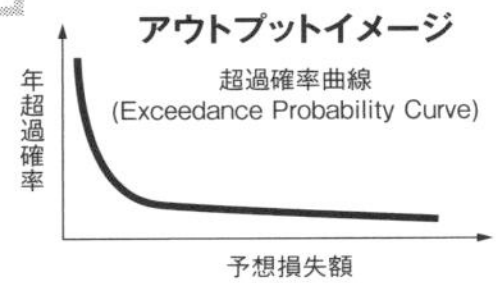

災害など特定のリスクによる損失額を算出する「シナリオ型評価」に対して、「確率論的評価」は規模や発生確率に関係なく、損失額を算出できる

です。大小の地震が日々発生していますし、台風も毎年、多数発生しています。それらの大半は、過去の大地震や巨大台風に比べて規模は大きくないかもしれませんが、いつか過去に例のない大規模な地震や台風が発生する可能性は存在します。その頻度は１００年に１度、あるいは１０００年に１度かもしれません。発生の確率は低くても、絶対に起きないと言い切れない以上、リスクを算定して備える必要があります。

そこで、過去の地震や台風を基に、発生しうる地震や台風の規模をその確率と共にインプットし、損害額を計算する方法もあります。これを「確率論的評価」と呼びます。

確率論的評価の最大のメリットは、リスクの規模や発生確率の大小にかかわらず、損害額を算出できる点です。「規模が大きいが、発生の確率は極めて低い」地震や台風でも、「規模はさほど大きくないが、発生の確率は中程度に高い」地震や台風でも、「規模も発生確率も平均的な」地震や台風でも、その損失額を同じように計算できます。

動的データや深層学習で判定結果を精緻化

リスク計量には適切なモデルのほか、多くのデータが必要です。計量モデル開発の次のステップとして、弊社はＩＣＴ（情報通信技術）、ＩｏＴ（様々な物がインターネットにつながること）を活用してこれまで以上に有用なデータを入手することで、リスクや被害の分析の精度を飛躍的に向上させようとしています。

例えば、２０１８年度から文部科学省と防災科学研究所の委託を受けて取り組んでいる「官民研究開発投資拡大プログラム：ＰＲＩＳＭ」では、産学官（民間企業に代表される産業界、学校など教育・研究機関、国・地方公共団体といった官公庁の３者）が持つデータをモデルに取り込むためのインターフェースや、保険データを活用したＡＩ（人工知能）被害関数を開発し、モデルを高度化させる取り組みを行っています。また、そうして開発した技術の社会実装（研究成果を社会問題解決のために応用、展開すること）を進めています。

画像データを活用する取り組みも、東京工業大学や京都大学との共同研究の中で始めました。これは、上空から撮影した被災地域の写真を基に3次元モデルを生成して建物被害を検出したり、現場写真などを組み合わせて建物の被災度を判定するものです。「建物が全壊か、そうでないか」の判別では約85％という高い一致率を実現しました。現場写真を用意できた場合は、建物の倒壊の一致率は98・5％に達します。判定精度は、ＡＩの深層学習（機械学習の手法の１つ。人間がデータの特徴を定義するのではなく、大量のデータを基に推論を繰り返し、そこから規則性やパターンといった特徴をＡＩ自身が見つけ出す方法）を活用することで、さらに高まります。

ここまで触れてきたデータとは、過去に蓄積された静的なデータ（設定や内容、属性、動作などが事前に決められており、それらが稼働時に変化せず一貫しているデータ）を指しますが、今後は動的なデータ（処理の途中で構造が変化するデータ）、例えば、運航中の航空機や走行中の自動車、輸送中の貨物などから得られるデータも活用し、より正確な予測につなげたいと考えています。例えば現在では、津波や洪水が発生した場合、自動車など移動体に関わる損害額は、駐車場や車庫にその車両があること（＝静的なデータ）を前提に算出されます。これに対して、走行中の自動車の位置情報（＝動的なデータ）をリアルタイムに取得できれば、より正しい損害額を算出できます。

このモデルを日本以外で活用するに当たっても、データの収集は欠かせません。特にアジア圏ではデータが未整備の地域が多く、こうした地域でいかに有効なデータを収集するかが今後の課題です。

一方で、アジア地域の一部の国では、弊社が行ったような計量モデルの開発が進められています。弊社が培ってきた知見を生かして、新しいモデルの開発に協力し、いずれは「計量モデルの国際標準化」の動きがあれば積極的に参加したいと考えています。

気候変動やテロの被害予測にも応用

これまでは、自然災害を主な対象としてリスク計量を行ってきましたが、自然災害だけでなく、世界的な課題となっている気候変動に関するリスクについても、同じようにリスクを計量できます。弊社では気候変動についても計量モデルを応用し、リスクを定量化する試みも進めています。

ただし、気候変動リスクの定量化では、これまで扱ってきた自然災害リスクとは異なる2つの要素を持ち合わせています。

1つは、気候変動による影響はある程度コントロールが可能だという点です。人間には地震や台風の発生を食い止めること、規模を小さくすることはできません。しかし気候変動は、人間が生活スタイルを変えることで、その変動率を変えられます。ハザードモジュールはその変動率を考慮して構築する必要があるのです。

次に、気候変動リスクは一般的な自然災害リスクと比べて、予測する期間が長期に及ぶ点です。

気候変動が対象の場合、予測する社会は50年後、100年後にも及びます。それだけの時間が経過すれば、建物は新しく建て替えられ、インフラも新たに整備されるなど脆弱性（弱くもろい部分）は変化します。現在私たちが使っている計量モデルの脆弱性モジュールにおいても、経年変化といった脆弱性の変化に対応していく必要があります。

自然災害や気候変動にとどまらず、サイバー攻撃やテロ、感染症などの被害予測にも計量モデルの応用範囲は拡大しています。これらの事象も、「ひとたび起きれば、脆弱性があるところに被害が生まれる」という構造が、自然災害と共通しているからです。同じ構造を持つ「健康経営」なども、計量モデルの応用対象になりえます。

弊社は、計量モデル活用に関する知見を生かして、今後も自然災害の定量化の精度を高めていきます。同時に、多様なリスクの定量化に取り組み、サステナブル（持続可能）でレジリエント（弾力のある、復元力のある）な社会の実現に貢献していきます。

堀江 啓（ほりえ・けい）
建設会社、防災科学技術研究所、人と防災未来センターを経て、2007年にインターリスク総研（現MS&ADインターリスク総研）入社。現在はフェローとして総合企画部リスク計量評価グループのリーダーを務め、モデリング技術に関わる研究開発やリスク分析業務に従事。博士（工学）、一級建築士。2010～13年には神戸大学客員教授を兼務し、欧州の地震リスク評価技術に関する研究プロジェクトに参画。著書に『巨大地震災害へのカウントダウン～東海・東南海・南海地震に向けた防災戦略～』（共著、東京法令出版）、『12歳からの被災者学』（共著、NHK出版）などがある

次世代モビリティ

交通事故の減少や高齢者の移動支援につながる移動ツールとして、期待を集める「次世代モビリティ」。その中核となる自動運転技術の開発には、様々なリスクと課題が伴います。自動運転車を普及させるには、適切なリスクマネジメントと、中立的な立場からの提言が欠かせません。

移動手段、とりわけ自動車を中心とした商品・サービスは今、急激な変化を遂げています。CASE（Connected＝コネクテッド、Autonomous＝自動運転、Shared & Services＝カーシェアリングやそのサービス、Electric＝電気自動車、の頭文字を取った造語）やMaaS（Mobility as a Service。ICT＝情報通信技術を活用して交通をクラウド化することで、バスや電車、タクシー、飛行機など、自家用車以外のすべての交通手段による移動を1つのサービスに統合し、ルート検索から支払いまでをシームレスにつなぐ新しい移動の概念）といった造語は、自動車をはじめ、変革期にある移動手段・ツールの動向を象徴するキーワードとして広く認知されるようになりました。

蒲池康浩

MS&ADインターリスク総研
新領域開発部
次世代モビリティ室長
主席コンサルタント

自動車は新たな技術に対応することで、従来果たしてきた移動手段としての役割だけでなく、新しいサービスを提供するツールに生まれ変わろうとしています。技術革新により変化を遂げた自動車が、過疎化が深刻な地域が抱える交通課題を解消するものとして期待されるなど、様々な社会課題を解決するインフラになろうとしているのです。

新しいサービスには必ずリスクが伴う

変革の時代に生まれる新しい技術・サービスには、新たなリスクがつきものです。

自動運転技術が搭載された自動車は人と違ってミスを起こさないため、事故をゼロにできる。――こう期待される方もいらっしゃると思いますが、実は自動運転車と表現される車のうち、人の手に頼らない完全な自動運転とされる「レベル5」のテクノロジーが搭載された自動車は、まだ研究開発の段階であり、実用レベルにはほど遠い状況です。緊急時以外に限定エリア内の運転が自動化される「レベル3」が搭載された自動車の走行が日本国内で解禁されたのが、2020年4月1日。そして現時点（2020年12月時点）で販売されている「自動運転機能が搭載された車」の多くは、部分的な運転自動化を実現した「レベル2」のテクノロジーが搭載されたものです。

この事実から分かるように、自動運転は発展途上の技術です。手動運転を指す「レベル0」の段階から、完全な自動運転を実現するレベル5テクノロジーが搭載された車が一般に普及するまでの過程、さらに、仮にレベル5テクノロジーが搭載された車が販売されたとしてもすべての車がレベル5テクノロジーが搭載された車に切り替わるとは考えにくいこと、道路は歩行者や自転車など様々な方が利用されていることを考えると、人のミスによって事故が起こる確率をゼロにするのは難しいだろうと考えています。

レベル5に達すればそれで万事解決かというと、そうではありません。

地域の足であるバスが自動運転車となり無人化した時、1人で乗り降りするのが難しい利用者のサポートを誰がするのか。サイバー攻撃により大規模なシステム障害が発生し、自動運転ができなくなった場合の移動代替手段はどうするのか。システムが大規模化すればするほど、システム障害が発生した時の被害は広域化・重大化すると考えられます。そして、自動運転車が事故を起こした場合の責任は誰がどこまで負うのか。こうした問いに対する答えはまだ得られていません。

自動運転車を公道で走らせるには、自動運転のレベルに応じた様々な課題を解決する必要があります。だからこそ今、全国で実証実験（新開発の製品・技術を実際の場面で使用し、実用化に向けての問題点を検証すること）が行われているわけです。

実証実験に潜むリスク

今、多くの企業が自動運転技術の開発にしのぎを削っています。この技術には実証実験が欠かせません。実証実験を行うことで、自動運転技術に伴うリスクを把握することができ、ひいてはそのリスクを低減する方法を考える基礎を築くことができます。

自動運転車の実証実験そのものにも、十分なリスクアセスメント（リスクを発見、認識し、評価すること）が必要です。実はこの実証実験に潜むリスクについては、自動車メーカーや車載ソフトウエアの開発会社など、自動運転車の開発をリードしている企業も把握し切れていないのです。

その理由の1つが、実証実験に使われる車両の完成度の問題です。自動車メーカーが販売する自動車は完成品ですが、実験に使われる車両は、これから改良を加えるべき未完成品です。一見何も障害物がないような場面で急停止したり、自動車に搭載されたセンサーが不具合を起こし急ハンドルを切るなどの原因により、結果的に完成品では考えられないような事故を起こす可能性があります。ましてや自動運転車はこれまでにない全く新しい技術を搭載している車両

自動運転レベルの定義

レベル	概要		安全運転に係る監視、対応主体
レベル0 運転自動化なし	運転者がすべてあるいは一部の運転操作を行う	運転者がすべての運転操作を行う	運転者
レベル1 運転支援		システムが前後・左右のいずれかの車両制御に係る運転操作を行う	
レベル2 部分運転自動化		システムが前後・左右の両方の車両制御に係る運転操作を行う	
レベル3 条件付運転自動化	自動運転システムがすべての運転操作を行う	①システムがすべての運転操作を行う（限定領域内※） ②システムの作動継続が困難な場合、運転者はシステムの介入要求等に対して適切に応答することが期待される	システム（作動継続が困難な場合は運転者）
レベル4 高度運転自動化		①システムがすべての運転操作を実施（限定領域内※） ②システムの作動継続が困難な場合、利用者が応答することは期待されない	システム
レベル5 完全運転自動化		①システムがすべての運転操作を実施（限定領域内※ではない） ②システムの作動継続が困難な場合、利用者が応答することは期待されない	

※ここでの「領域」は、必ずしも地理的な領域に限らず、環境、交通状況、速度、時間的な条件などを含む

人の手に頼らない完全な自動運転とされる「レベル5」のテクノロジーが搭載された自動車はまだ研究開発段階だが、部分的な運転自動化「レベル2」は日本でも多くの自動車に搭載され始めた

であり、自動車の長い歴史を振り返っただけでは見落としてしまうリスクが潜んでいると考えて臨むべきでしょう。自動車の製造・販売に慣れている自動車メーカーであっても、どこまでリスクを洗い出し対策を講じるべきか、その対策で安全が十分に確保できるのかなど、日々悩んでいます。

もう1つの理由として、交通安全や自動車事故に対する理解・危機意識不足です。自動運転車の実験には、自動車業界以外の企業も多く参加しています。そうした企業の中には、「自動車がひとたび事故を起こすと、人の命を奪うという重大な結果を招くものだ」という危機意識が希薄な企業もあります。

いずれにしても、過去のカービジネスの経験に頼っていると、自動運転車という「まだ誰も完成品を見たことのないモビリティ（移動手段・ツール）」に潜むリスクを見逃しかねません。

公道を使った実証実験の場では、また違ったリスクが存在します。

公道には他の自動車も走れば、歩行者もいます。歩行者、運転席で運転している人（ドライバー）はみな大抵、自分が今いるその道が実証実験の場になっているとは知らぬ人ばかりでしょう。交通ルールにルーズな人が運転する自動車が走っているかもしれません。公道で行われる実証実験には、隔離されたエリアを走るテストコースでの実験とは違うリスクが存在するわ

自動運転技術に対する消費者の期待

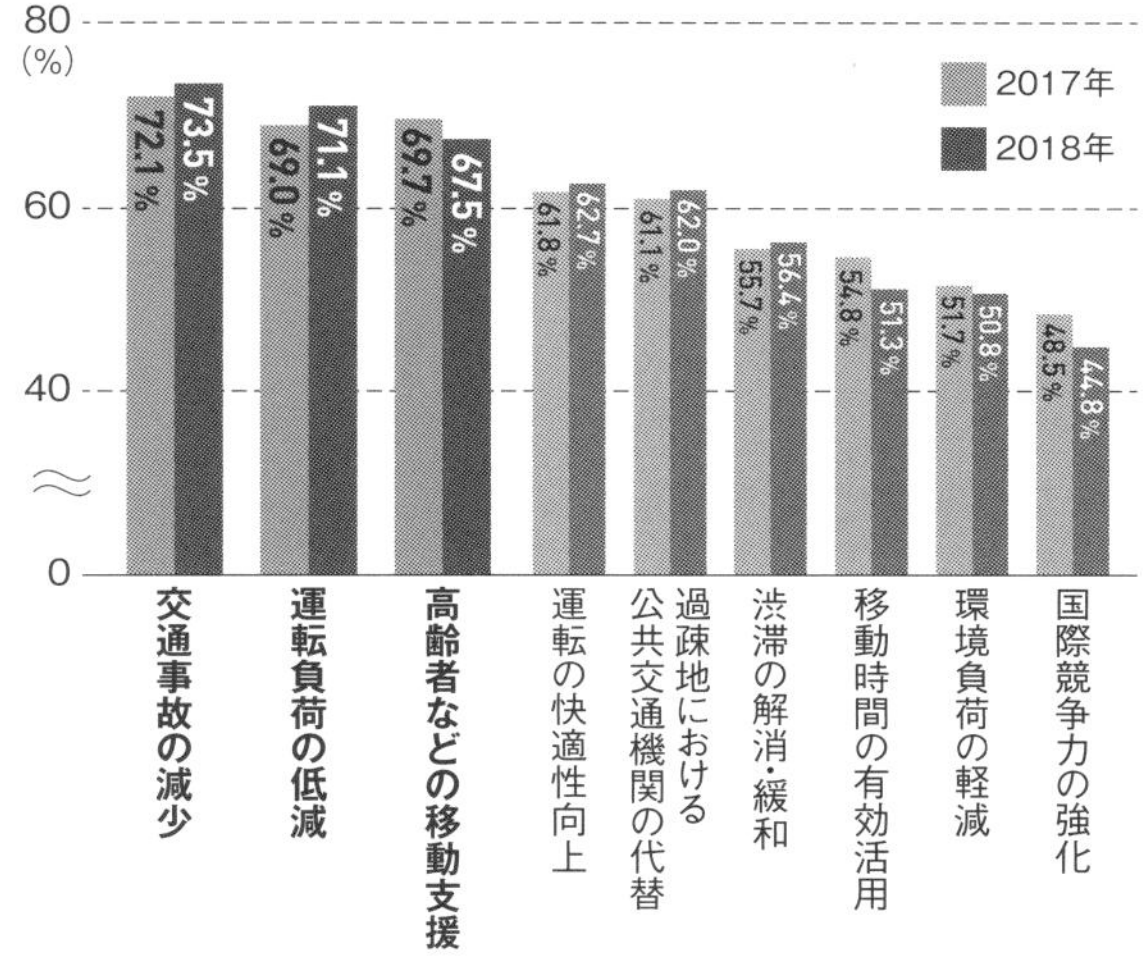

出典：MS&ADインターリスク総研「自動走行システムの社会的受容性等に関する調査結果について（2018年度版）」

自動運転車の普及によって、「交通事故が減少する」「運転負荷が低減する」という期待は大きい。それだけに、周到なリスクマネジメントが求められる

けです。

　実証実験に使われる道路も様々で、高速道路もあれば、歩行者や自動車がほとんど通らないような道路が選ばれることもあります。後者のような「歩行者や自動車がほとんど通らないような道路」で実証実験を重ね、そうした道路での事故発生確率を極限まで減らした自動運転車が、いきなり多数の自動車が複雑な交通規制や道路が交錯する市街地を走ったらどうなるでしょう。これまでの実験では想定できなかった事故が起き、その

規模も大きくなるはずです。言い換えれば、リスクの発生頻度と重大性が変わるのです。

こうした点を踏まえ、実証実験の場を変えるたびリスクアセスメントを行い、その結果を踏まえたリスクマネジメントを検討・実施する必要があります。

次世代エアモビリティの流れは、ドローンやロボットにも

公道という秩序ある場に、未完成品である自動運転車を持ち込むためには、どのようなリスクアセスメントが求められるのでしょうか。

弊社では、実証実験を予定している公道の過去の事故発生状況や周辺施設等情報に加え、必ず現場1つひとつに足を運び、交通流（歩行者や自動車の公道利用の実態）を調査した上で、リスクアセスメントを行っています。特に交通流調査は通勤時間帯（朝・夕）や日中、平日と休日など様々な観点から行うなど、長期・広範囲に及ぶことも多々あります。具体例を挙げると、低速走行型の自動運転車の場合、渋滞を引き起こすリスクが予見されますが、渋滞を引き起こすのは平日の通勤時間帯のみなのか、日中や休日でも引き起こすのか課題になります。そのため、弊社は現地を調査した上でアセスメントを行います。アセスメント後は、例えば自動運転車が一時的に退避するスポットを確保し、通勤時間帯は必ず退避スポットを利用するといった対策

をご提案します。また、一見すると実験に適しているように見える道でも、時間帯によっては通学路として使われている公道もあります。このような場合は、実証実験ルートから外すことや実証時間を変更すること、公道利用者向けに注意喚起を促す看板の設置などをご提案します。

さらに、実証実験ルートに対するリスクアセスメントを踏まえ、自動運転車の開発企業に対して、自動運転システムとして必要な機能や実証実験前の入念なシミュレーションを提言することもあります。例えば、乗降スポットに自動運転車が停車する場合、道路の左（路肩など）に適切に寄せる機能や、停車予定位置の前後にほかの自動車が駐停車していた場合、その空間に進入し停車する機能などについて提言します。

リスクアセスメントの対象は、自動運転車や道路だけではありません。配車アプリといったツールを使用する場合、その使い勝手も対象にしています。スマートフォンに慣れた若者には使いやすくても、高齢者には分かりにくいことがあるからです。他にも、自動運転車の実証実験に関連するリスクマネジメント業務として、万が一トラブルや事故が発生した場合を想定した初動対応マニュアルの策定や地域住民への説明会、試乗に際しての同意書の草案作りなども請け負っています。また、走行データを分析し、実証実験計画通りに運営できたのかなどの検証も行っています。

このように、弊社は、実証実験リスクアセスメントを通じて、実証実験の精度を上げ、客観性を検証することで次世代モビリティのリスクの低減に寄与しています。

さらにこうして培った知見は、新たな自動運転車の実証実験に反映させるだけでなく、ドローンや自動配送ロボットといった機械工学分野の実証実験へも活用しています。新型コロナウイルス感染拡大を受け、ソーシャルディスタンスを保って人と接触する新しい習慣が定着しつつある中、商品やサービス提供の手段としてドローンや自動配送ロボットを活用する動きが活発化しています。こうした動向から、ドローンや自動配送ロボットはこれから一段と注目される分野とみています。

弊社は2020年9月、日本航空、そして三井住友海上火災保険と、次世代エアモビリティ分野で提携しました。同年10月にはこの3社に鹿児島県大島郡瀬戸内町、日本エアコミューターが加わり、ドローンを活用した地域課題解決を目指す連携協定が締結されました。この連携協定を通じて、安全・安心なドローンサービスの実現に向け、リスクマネジメントを進めています。

新たなリスクを、どこまで受け入れるか

自動運転車やＣＡＳＥ、ＭａａＳ、ドローンといった次世代モビリティへの期待が高まっていることは、弊社が行ってきた様々な調査からも明らかです。しかし実証実験でどれだけ素晴らしい成果を上げられたとしても、自動運転車が社会に普及するには、３つの大きな課題を乗り越えなくてはなりません。

まずは、技術的な課題です。技術革新により、自動運転車に搭載される自動運転システムの信頼性が高まる余地が残されています。同時に自動運転車を操作する人間も、自動運転システムの機能や性能、限界を十分に理解する必要があります。そしてドライバーの理解を促すため、メーカーには関連情報を分かりやすく説明することが求められるでしょう。

２つ目は、経済的課題です。車両価格や維持費、通信費を、消費者が許容できる範囲内に収める必要があります。そうしなければ、自動運転システムがどんなに優れた技術であっても、一般に広く普及することはないでしょう。

最後は、社会的課題です。自動運転車の普及に当たっては、道路交通法の改正のほか、新たな交通ルール・マナーの醸成も必要になってくるでしょう。自動運転車が事故を起こした場合の責任の所在も、明文化する必要があります。自動車保険については「レベル４」までは現在の自動車保険をベースに対応する方針が示され、各損害保険会社は市場動向を踏まえ適切に対応

課題の3つの側面

技術的側面	●あらゆるシーンにおいて高度な信頼性を確保できるか ●限定条件・環境の中で、必要最低限の機能について信頼性を確保できるか ●消費者が仕様、機能、運転状態等を正しく理解できるかなど
経済的側面	●国、自治体、事業者によるインフラ投資・維持が可能か ●事業者、消費者が高価な?自動運転車を購入できるか、維持・通信費等負担に理解を得られるか ●産業構造の（急速な）抜本的変化を受容できるかなど
社会的側面	●国際法、国内法の解釈・見直し ●事故発生時のメーカー側の責任分担、救済制度に関する新たな枠組の必要性 ●倫理・哲学的課題 ●稀頻度重大リスク（自然災害、サイバーリスク等） ●交通社会ルールへの適合・変化、新たな交通安全教育・マナーの醸成 ●社会的ジレンマ ●プライバシー保護など

上記の3つの課題を乗り越えることで、自動運転車の実証実験を次の段階へ進められる

を進めていますが、レベル5については今後の検討課題とされています（2020年12月時点）。

「技術的な課題」「経済的な課題」「社会的課題」これら3つの課題を乗り越えて初めて、自動運転車の実証実験が次の段階へと進むことになるでしょう。

一方で、これら3つの課題がすべて解決されるまで自動運転車の技術開発や商用化をストップするのは、現実的ではありません。それではいつまでたっても、自動運転車を実用化することはできないでしょう。完璧を求めれば求めるほど、開発コス

トは跳ね上がり、実用化は遠のいてしまいます。

自動運転という魅力的な技術を普及させるに当たっては、社会を構成する私たち一人ひとりが「メリットを享受する代わりにリスクをどこまで受け入れられるか」が、問われるのです。

どの程度のリスクなら、消費者は受け入れられるのでしょうか。どの程度の自動運転機能を、消費者は求めているのでしょうか。人身事故を起こしそうになった時、消費者は自動運転車にどんな回避行動を求めるのでしょうか。弊社はこうした社会的受容度に関する調査も実施し、より多くの人が受け入れやすいシステム、社会基盤の構築をサポートしています。

三井住友海上火災保険及びあいおいニッセイ同和損保が属するＭＳ＆ＡＤインシュアランスグループに所属している弊社は、自動運転車の損害保険についても高い関心を持っています。ＭＳ＆ＡＤインシュアランスグループでは、自動運転車に対応した保険商品の開発を進めるほか、自動運転時に事故を起こした際のデータ記録装置の設置・記録提出の義務化についても、様々な政策提言を行ってきました。弊社および関連グループのこうした取り組みは、先述した自動運転車に関する3つの課題解決に寄与すると信じています。

しかし同時に弊社の業務は、自動運転車の損害保険のためのリサーチにとどまるものではないと考えています。先ほどご紹介した社会的受容度に関する調査は、自動運転車の開発等を展

「次世代モビリティサービス」から「スマートシティ・スーパーシティ」へ

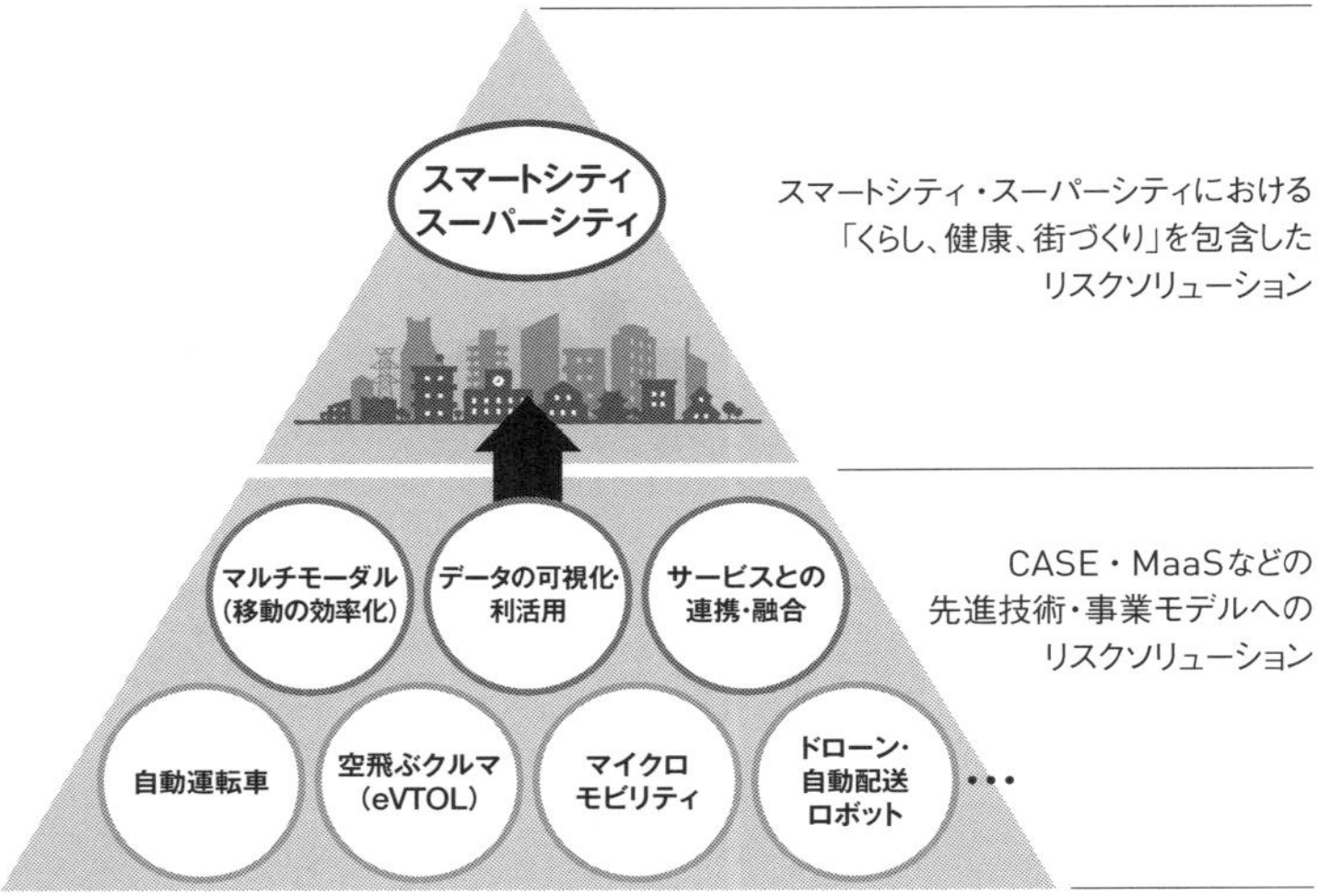

中立的な立場から次世代モビリティやスマートシティ・スーパーシティに関する
リスクソリューションを提案する

開している企業とは一線を画し、中立的な立場から継続的に行っていますし、その中立的な立場を生かして、自動運転に関わる様々な企業、組織と関係を構築しています。

例えば、前半でご紹介した「地域の足であるバスが自動運転車となり無人化した時、1人で乗り降りするのが難しい利用者が、自動運転バスをストレスなく利用するにはどうしたらいいのか。そうした利用者のサポートを誰がするのか」といったことについても、真剣に考えています。もしかすると「1人で乗り降りするのが難しい利用者」の移動課題の解決方法は「バスの自動運転車化・無人化」ではないかもしれません。そうした提案ができるのも、弊社が自動運転車の販売台数を競う立場になく、さらに様々な自動運転車やシステムの実証実験に関わっている中立的な立場にいるからです。

弊社は自動車産業の利害とは一線を画した中立的立場を守りつつ、課題解決に本当に役立つソリューションを提案し、スマートシティと呼ばれるこれからの都市で重要な役割を果たす自動運転車の普及に貢献していきます。

蒲池康浩（かまち・やすひろ）
1996年東京電機大学理工学部卒業、システムインテグレーション会社に入社。2007年2月インターリスク総研（現MS&ADインターリスク総研）入社、医療・福祉チームに所属。2008年4月サプライチェーン・運輸リスクマネジメント（RM）専門部門に異動。2010年3社合併（インターリスク総研、あいおいリスクコンサルティング、フェニックス総研）に伴う自動車RM専門部門の設立に伴い異動。2015年新領域開発部（旧・総合企画部市場創生チーム）へ異動。テレマティクス、自動運転を中心としたデータ分析、リスクに関する調査・研究に従事。2020年次世モビリティ室（新設）の室長に就任。現在に至る。

第4章 MS&AD インシュアランス グループの リスクソリューション

MS&ADインシュアランス グループのリスクソリューション

MS&ADインシュアランス グループは、国内損害保険事業、国内生命保険事業、金融サービス事業、海外事業、そしてリスク関連サービス事業の5つの事業ドメインを有する、損害保険会社グループです。グループ全体では世界第9位の損害保険会社グループであり（フォーチュン・グローバル 500―2020収入金額ランキング）、国内損保事業では正味収入保険料でシェアNO.1となっています。

MS&ADインシュアランス グループのビジネスモデルと事業ドメイン

上場持株会社であるMS&ADインシュアランス グループ ホールディングスの傘下に、直接出資する5社の国内保険会社と9社の関連事業会社があり、MS&ADインターリスク総研は、関連事業会社のうちの1社としてリスク関連サービスの事業ドメインを担っています。

MS&ADインシュアランス グループでは、国連によるSDGs（持続可能な開発目標）も

MS&ADインシュアランス グループのビジネスモデルと事業ドメイン

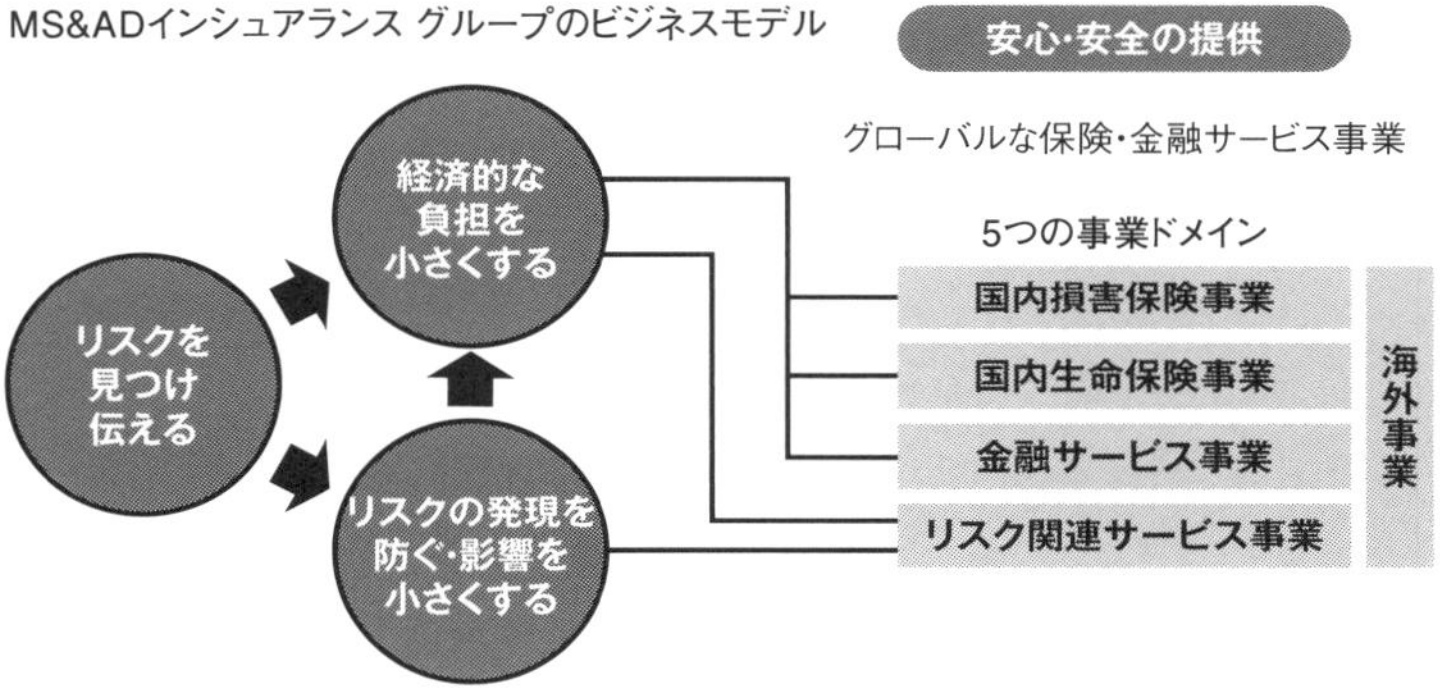

グループのビジネスモデルを通して「レジリエントでサステナブルな社会」の実現を目指している

踏まえて、目指す社会像を「レジリエントでサステナブルな社会（強靭で持続可能な社会）」として定めました。そして「リスクを見つけ伝える」「リスクの発現を防ぐ・影響を小さくする」「経済的な負担を小さくする」という3つのアプローチから成るビジネスモデルを通じて、目指す社会像の実現を図っています。また、ステークホルダーの期待度とグループのビジネス上の重要性を勘案して、重点的に取り組むべき7つの領域を定め、社会との共通価値の創造（CSV：Creating Shared Value）に取り組むことをコミットメントしています。

上の図の通り、リスク関連サービス事業はこのビジネスモデルのすべてのアプローチを包含しており、グループの価値創造の要となる役割

「社会との共通価値の創造」とMS&ADインターリスク総研の取り組み・支援

社会との共通価値の創造(CSV)7つの重点課題	MS&ADインターリスク総研の主な取り組み・支援
新しいリスクに対処する	**多様なリスクに関する情報の提供、研究、調査** ・リスク情報・リポート(RMFOCUS、MS&AD InterRisk Reportなど) ・グループからの調査・研究受託 **リスクソリューションの提供** ・先進的かつ実践的なコンサルティング **必要なリスクに対応した商品・サービスの提供** ・多様化・複雑化するリスクに備えたサービスを提供
事故のない快適なモビリティ社会を実現する	**事故防止のためのサービス提供・調査研究** ・企業・組織向け自動車RMサービスの提供 ・運送事業者向け運輸安全マネジメント取り組み支援 **快適なモビリティ社会の実現を目指す保険商品、関連サービスの提供** ・MaaS導入用リスクソリューションパッケージの開発
レジリエントなまちづくりに取り組む	**防災・減災に向けた取り組み** ・地震・水災などの自然災害リスク対策サービスの提供 ・企業・組織の事業継続マネジメント取り組み支援 ・自治体向け被災者生活再建支援システムの提供 **連携協定締結による地方創生の取り組み** ・SDGs取り組み支援(自治体、地域の核体、中堅・中小企業) ・企業向けセミナー開催などによる地域の課題解決支援
「元気で長生き」を支える	**健康増進・病気予防のために** ・企業の健康経営をサポートするコンサルティングの提供 **超高齢社会を支える事業の発展のために** ・企業向け「仕事と介護の両立支援サービス」の提供 ・高齢運転者安全運転支援サービスの提供 ・医療・福祉マーケット向けRMサービスの提供
気候変動の緩和と適応に貢献する	**気候変動による気象災害リスクを見つける・予防するソリューション** ・「気候変動による洪水頻度変化予測マップ」の提供 ・TCFDの最終提言に沿った情報開示支援サービス提供、自然災害リスク定量評価サービス(Jupiter社提携)など
自然資本の持続可能性向上に取り組む	**自然資本に関わるリスクを見つけ予防するソリューション** ・環境サプライチェーンコンサルティングの提供 ・生物多様性土地利用コンサルティングの提供 **パートナーシップ・産学連携による生物多様性の保全** ・(一社)企業と生物多様性イニシアティブ(JBIB)の活動支援
「誰一人取り残さない」を支援する	**国内での「誰一人取り残さない」を支える取り組み** ・認知症予防フレンド養成講座の実施 ・ビジネスと人権に関するNAP対応支援

MS&ADインターリスク総研は、グループが定めた社会との共通価値の創造(CSV)に関する重点課題について、多様なサービス提供を通じて貢献している

を担っています。また、ＭＳ＆ＡＤインターリスク総研は、ＣＳＶの７つの重点課題の各分野において多様なサービスを展開し、グループのＣＳＶ取り組みの推進力として貢献しています（前ページの表を参照）。

リスクマネジメント事業の歴史

ＭＳ＆ＡＤインターリスク総研の起源は、端的には「もともとは損害保険会社において、損害保険の引受支援やリスクマネジメントのサービスを提供していた一部門が分社独立してできた」といえます。特に企業向けリスク関連サービスは、古くから損害保険の付帯サービスとして、様々な情報提供や支援を実施していました。１９９０年代に入り、企業のお客さまを取り巻く環境が厳しさを増す中、無償の保険付帯サービスにとどまることなく、有償でのさらに高度かつ専門的なリスク関連サービスを提供してほしいという、多くのご要望を受け、分社独立して事業化したという経緯があります。その後、お客さまの課題解決に向けて、様々なコンサルティング・調査研究・セミナー・情報提供などの実績を積み上げ、経験とノウハウを蓄積し、現在に至っています。

MS&ADインターリスク総研の強み

❶ グループの損害保険会社（三井住友海上、あいおいニッセイ同和損保）によるマーケティング機能（国内No.1の規模を誇る顧客層：国内法人お客さま数約240万社、トヨタグループ、日本生命グループ、三井グループ、住友グループなど、異業種のトップ企業とのパートナーシップ）

❷ 損害保険会社の保険金支払データ（2019年度グループ支払保険金：2兆円超）

❸ 様々な業種・規模のお客さまに対するコンサルノウハウ・実績データ・調査研究成果の蓄積（2019年度4800件のセミナー、1300件のリスクサーベイ、リスク関連一般公表リポート85件など）

❹ 損害保険会社の各種の部門を経験したコンサルタント（国内約130人）

❺ 多様な事業会社での実務経験を有するコンサルタント（国内約80人）

❻ 社外専門家ネットワーク（主要な専門家ネットワークリスト約80人・約50機関）

❼ グローバルな事業展開：海外拠点（上海、タイ、シンガポール）

❽ 充実したコンサルタント教育研修プログラム（2020年度実績20講座・全40回実施）

❾ 高品質なサービス提供を支える活動（全社横断組織である品質管理・コミュニケーション委員会（QC委員会）を中心に品質管理強化活動を継続実施）

❿ 新聞・テレビその他における報道（2019年度実績385件）

豊富な顧客基盤とコンサルティング実績を生かして事業を展開している

グループの強みと当社固有の強み

上の表は、MS&ADインシュアランス グループに所属するがゆえの強み、当社固有の強みを例示したものです。これらを組み合わせることにより、これまで段階的な事業の拡充を実現してきました。

一般に事業会社の経営資源は、人・物・資金・情報・ノウハウといわれていますが、コンサルティング会社では特に人・情報・ノウハウが重要であり、それらが十分に整った事業環境の中で業務を遂行しています。お客さまの課題・社会的な課題の解決に貢献し、様々なステークホルダーに満足を提供し、さらに新たな課題の相談に対応する、この好循環が事業拡充の基本的な構図です。新たな課題はニューリスクへの挑戦であったり、先進的なソリューションが求められたりすることも多いため、半ば必然的に当社のスローガンである「リスクソリューションのフロントランナー」であり続けなければならないわけです。

損害保険よりも広範なリスクマネジメント事業領域

企業向けの損害保険の基本的なサイクルは、個別リスクに応じて保険商品を設計し、リスクとニーズに応じた保険を引き受け、有事の際には保険金を支払う、適切な付保内容が維持されるようメンテナンスをするというものです。それに対して、全社的リスクマネジメントのコンサルティングにおける基本的なサイクルは、お客さまの事業について現状認識を行い、リスクを発見評価して、リスク低減策を検討して実現する、重大なリスクが顕在化した場合は初動から収束までの危機対応と再発防止策の検討・実施を支援する、そしてリスクマネジメント全般の意思決定や、枠組みの改善を支援するというものです。平時には、コンサルティング・セミナー・訓練などについてリスクマネジメント委員会・委員会事務局などと協働し、有事には緊急時対策本部と協働するというのが典型的な事例です。

損害保険サイクルとリスクマネジメントサイクル

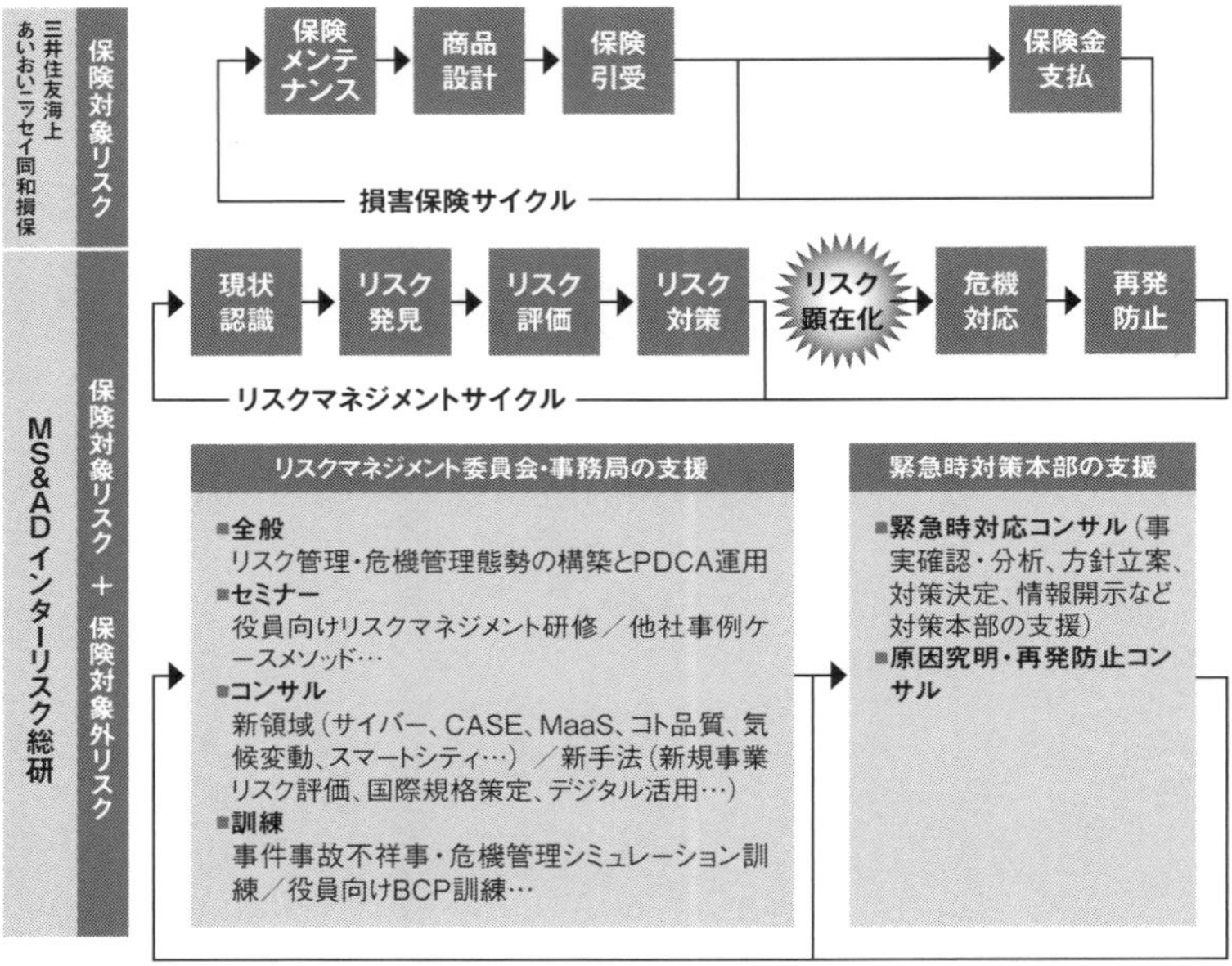

MS&ADインターリスク総研は、保険対象外リスクも含めた広範なリスクを扱い、リスクマネジメント全般を支援している

上の図は左から右に時間の経過であり、損害保険・リスクマネジメントのいずれもサイクルの形になっていますが、本格的なリスクマネジメントのコンサルティングの方が、お客さまの事業への関与は広くて深いのが実態です。それ故に、旧来から損害保険はリスクマネジメントの一部であるともいわれています。

　また、リスクコンサルティングで得られた知見は保険商品の開発や引き受けにも活用されており、保険の付帯サービスとしてリスクコンサルティングが利用される場合もあります。損害保険とリスクコンサルティングの親和性は高く、相互に好影響を与えながら発展拡充を続けています。

先進的な新メニュー開発

国内損害保険シェアトップであり、最大規模の企業顧客基盤を有する保険会社グループに属しているため、特に大企業向けのリスクマネジメントのコンサルティングで高品質かつ数多くの実績を上げている点がMS&ADインターリスク総研の特徴です。

三井住友海上やあいおいニッセイ同和損保のお客さまには多様な業界の大企業が多いため、リスクマネジメントに関する相談も、難しい課題や最先端のテーマが多数存在します。このため、社会動向やマーケット全般を先読みして新たなリスクソリューションメニューを開発するだけでなく、お客さまの要望や期待が新メニュー開発の源点であり、原動力となっています。積極的なリスク関連情報の発信が契機となったり、中央官庁からの調査研究の引き合いが社会的課題解決の近道であったりする場合もあります。

今後ともリスクマネジメントに関する専門的知見と実績を有効に活用し、MS&ADインシ

ユアランス グループが一体となって総合力を発揮していきます。そして、様々な先進的なリスクソリューション（次ページの表参照）及び現在開発中の各種新メニューを通じてお客さまの課題・社会的課題の解決に貢献し、「レジリエントでサステナブルな社会」の実現に向けて尽力していきます。

（ＭＳ＆ＡＤインターリスク総研　取締役　上席フェロー　田村直義）

先進的なリスクソリューションの例（2018年以降プレスリリース抜粋）

領域の先進性	感染症＋自然災害などの複合災害対応に関する企業向けコンサルティング 中堅・中小企業向け「感染症BCP作成支援ツール」 日本国内全地域を対象とした斜面崩壊リスク評価サービス 自然災害リスクに関する気候変動影響定量評価サービス（全世界対象） 従業員の在宅勤務時の健康維持・増進に向けての注意喚起を行う健康経営サポートツール 内閣府のガイドライン改訂に基づいた水災タイムライン策定支援メニュー 児童・生徒の「登下校時の安全確保支援」サービス 高齢者介護施設の感染管理体制構築支援サービス 運転適性診断と認知機能診断による高齢運転者の安全運転支援メニュー 気候変動リスクの分析サービス
対象の先進性	防検サイバー（次世代エンドポイントセキュリティ（EDR）＋管理セキュリティサービス） 中小企業向けサイバーリスク診断サービス ダークウェブを含むサイバーインテリジェンス情報提供サービス
手法の先進性	ドローンを活用した建物劣化診断サービス 画像IoTを活用し現場に潜む危険性を可視化することによるフォークリフト事故低減サービス ガス漏洩検査カメラを活用した防災診断サービス 多数拠点の水災リスク情報一括確認システム（愛称「スイサーチ」） 行動経済学を応用した標的型メール訓練サービス VR（バーチャル・リアリティ）を活用した安全運転セミナー アイトラッカー（視線挙動計測器）を活用した運輸事業者向け運転指導サポートプラン 大地震発生時における企業などの建物立入判断・救出救護に関する教材 大地震発災時の拠点震度チェッカー 身体状態確認機器（指先センサ）を活用した運輸事業者向け運行管理サポートプラン

MS&ADインターリスク総研では、テクノロジーとデータを活用して様々な新メニューを開発し続けている

第5章
リスクマネジメントに優れた経営者とは

リスクマネジメントに優れた経営者とは

リスクマネジメントに優れた経営者とは、どのような方々を指すのでしょうか？世の中には様々な特性を有する経営者が存在しますが、リスクマネジメントの観点からは、一定の優れた共通要素を見いだすことができます。これまでの経験を振り返り、これらの共通要素に関する留意点について解説します。

これまでに様々なコンサルティングにおいて、優秀な経営者とお会いする機会に恵まれてきました。リスクマネジメント委員会での審議、事務局同席でのヒアリング、役員向けセミナー終了後の質疑応答、経営トップ以下の危機管理シミュレーション訓練後の講評や意見交換、そして、有事の際の緊急時対策本部での協議やそれに伴う別室でのご相談など、多くの対話をさせて頂きました。これらは、コンサルタントが本領を発揮すべき機会であると同時に、優秀な経営者から学ばせて頂く機会でもあります。

そこで、これまでの経験を振り返り、経営者が置かれた厳しい環境を踏まえ、リスクマネジメントに優れているという観点から特徴を抽出するとどのような姿や形が見えてくるのか、何

リスクマネジメントに優れた経営者

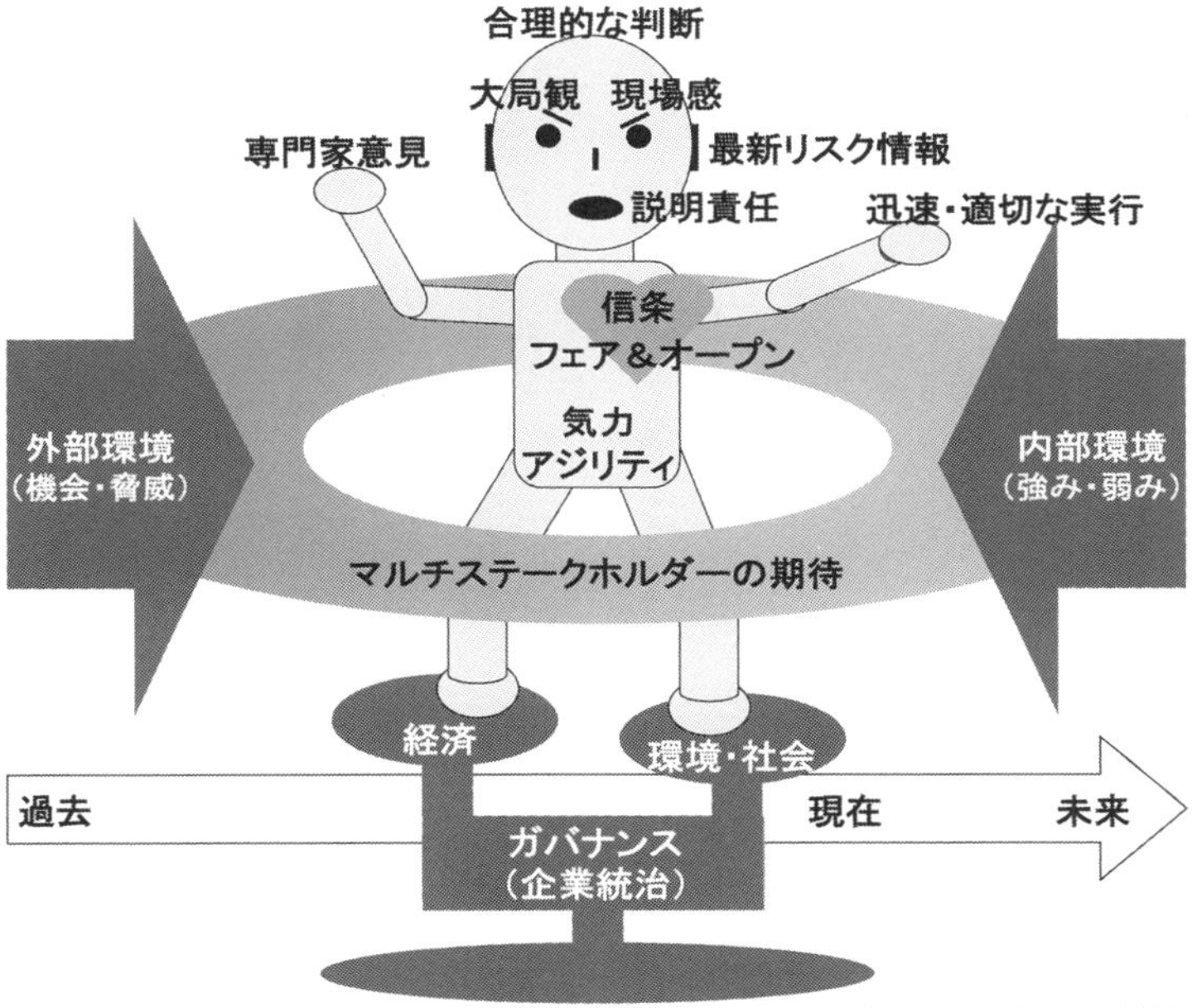

不安定な状況においてもしっかりと立ち続けるためには各種の優れた要素が必要である

を重要視しているのかについて考察したものが、前ページの「リスクマネジメントに優れた経営者」です。本図は初版作成の約18年前以降、部分的な更新をしていますが、昔も今も本質的な要素において変わるところはありません。

バランスの確保と環境への対応

・時間と共に揺れるてんびんに立つ

経営者は不安定なてんびんの上に立っています。てんびんは過去から現在、そして現在から未来へとスライドし、時間の経過と共にバランスの取り方は変化します。かつては向かって左足の経済にウエイトを置くとバランスが取れたかもしれませんが、現在では環境・社会のウエイトを増加させ、さらに適切なガバナンス（企業統治）を整えることも重要となります。これからは両足を広げて経済と環境・社会を別物と考えるのではなく、両足を密接させたＣＳＶ（社会との共通価値の創造：Creating Shared Value）経営がより求められるようになります。バランスの取り方を先読みした上で、立ち方を準備することが大切だといえます。

・外部・内部環境の影響を受けつつフラフープを回す

経営者は環境が不規則な影響を及ぼす中でフラフープを回し続けなければなりません。マルチステークホルダー（様々な利害関係者）の期待にバランスよく応えるため、時に相反する期待についても適切に応え続けねばならないということです。特定のステークホルダーを軽視することはできず、バランスを損なえば（回転を止めれば）、フラフープは落下し、落下箇所は損傷し（特定のステークホルダーの信頼を損ない）、ひいてはフラフープの破断につながります。

そして経営者はフラフープと共に外部環境と内部環境の不規則な圧力を受け続けています。変化し続ける外部環境の脅威や機会、内部環境すなわち自社の弱みや強みが常に影響を与えているのです。このような不安定さこそが、あらゆる不確実性、すなわちリスクであり、もしくはリスクを変動させる要因であるわけです。

経営者はリスクを管理し、不安定な状況下においても、しっかりと立ち続けなければならないのです。

では、しっかりと立ち続けて、適切な判断と行動を実現するためには、何が求められるのでしょうか。端的には、心技体のすべてが整っていることといえます。以降で心技体の各要素について解説します。

しっかり目で見て耳で聞く

経営者自らが、現場感覚を持ちながら、自社の文化や風土を踏まえ、大所高所から物事を見ること、すなわち経営判断の前提となる事実を正確に捉えることは不可欠です。しかし、事業に関わるあらゆる事象を自身で見聞きすることは不可能です。このため、様々な場所や局面にアンテナを張って情報ネットワーク化すること、大量の情報から適切にトリアージ（緊急度や重要度に応じて優先順位付けすること）をした上で必要な情報を絞り込むことが大切です。

リスクを見極めるために必要な最新情報やネガティブ情報を早期に仕入れることも求められます。これらすべてについて経営者が能動的に入手することはできないので、タイムリーに自動的に入ってくるための仕組みや風土をつくることが求められます。内部通報制度を充実させてネガティブな情報の収集を確実にするだけでなく、何よりも現場で発見された課題や問題点が共有され、経営者に声が届く企業風土づくりが大切になります。

そしてこれらの情報には不足や誤りが常にあることを認識しておかなければなりません。判断をする前の段階において、収集した情報を俯瞰《ふかん》した際に、矛盾や疑念に着目し、情報を補完したり、是正したりするなどの策を講じるのです。あらゆる判断において、前提条件を誤れば当然のごとく判断も誤ることになるため、重要な要素となります。

かつては多忙を理由にして、極めて絞り込んだ情報のみを上程するように要求する経営者も存在しました。多くの事項はエッセンスのみあればあとは経営者の経験と勘により周辺事実を想像して相応の判断ができたのかもしれません。しかし、昨今では合理的な判断を確実に実現すること、また事後的に合理的な判断であったことを立証することがこれまで以上に求められています。このため、目を見張らせ、耳を研ぎ澄ませて、仕組みで補完しながら、しかるべき情報を入手し、正確に把握しなければならないのです。

専門家意見を把握して活用する

経営者は経営のプロではありますが、あらゆる専門分野のプロではなく、特定分野の専門性に欠けることもあります。また、自らが経営の中枢に位置するため、主観的に物事を把握して判断してしまい、客観性に欠けることも危惧されます。このような限界を超えるために様々な専門家の知見や助言を有効に活用することが得策です。以下に、経営者にとって有用な専門家の役割を例示します。

■コーポレート・セクレタリー

日本企業ではほとんどみられませんが、米国企業では本社機能に横串を刺すアドバイザリー機能として、コーポレート・セクレタリーを配置することがあります。法務・財務・経理・人事・広報など各分野の独立した専門的知見を直接経営者に提供するだけではなく、コーポレート・セクレタリーが自らの広範な専門性と各分野所管部門の専門性を総合的に勘案して、経営者の判断を補助するのです。

■フェロー

わが国でもフェロー制度を導入する企業は徐々に増加しています。高度な専門性によるこれまでの会社業績への貢献に報いるという側面と、今後の事業の継続的発展に向けた専門分野の知見の活用・後進の育成と同時に経営者へ助言するという側面の、双方の役割を担っていることが多いと思われます。

■アドバイザリーボード・アドバイザー

社外取締役のように取締役会という会社意思決定機関に属するのではなく、任意の経営の諮問機関としてアドバイザリーボードを設置するケースもあります。意思決定機関ではないが故に前例にとらわれない闊達な審議がなされ、実現可能性に過度に拘束されることのない中長期的展望を提言する役割も期待できます。また、複数のアドバイザーでボードを組成せずに、特定のテーマ単位でアドバイザーを任命することもあります。顧問という名称で広範に大所高所から助言するというよりは、特定のテーマやプロジェクトなどを積極的に推進する際に任命することが多いようです。社内の知見が不足する場合、他分野での成功手法を新たに導入する場合などには有効な手法です。

社外専門家の活用

事業を営む上では既に多くの社外専門家の知見を活用している企業が大半です。あらゆる専門性を内製化することは事実上困難ですし、外部専門家の経験と能力を活用するほうがより効果的で効率的な場合が多いことがその理由です。この活用には2つの意図があります。1つは、無理に内製化を決め込んで非効率な業務を継続したため、目標が達成できない、という事態を避けること、もう1つはあくまでも活用であり、重要な経営課題についてはアウトソーシングするのではなく、あくまでもコンサルティングやコーチングにとどめること、というものです。

なお、特定テーマの専門家とは必要に迫られる前に関係を構築しておくことをお勧めします。ある不祥事が発生した際に、緊急時対策本部には特定分野での訴訟における防御を専門とする顧問弁護士のみが社外から参画し、事態を打開できない状況にありました。同種不祥事対応経験のある危機管理の専門家として弊社が参画し、さらに技術的な原因を究明するための専門家、過去からの経緯を調査するための専門家、多数被害者との交渉をする弁護士チームを組成し、事なきを得たというのは教訓となる事例です。これらの専門家の活用に際しては、有事のシナリオを想定した危機管理シミュレーション訓練（経営トップ以下が参画するブラインドシナリオ形式の模擬訓練）をしておくことが、万一の際に非常に有効となります。

様々な専門家を適材適所で活用することが有効であることに疑いはありませんが、特に各種コンサルタントに関しては、米国では役員にひもづき、日本では企業にひもづくことが多いといわれています。一概にどちらが良いとはいえませんが、日本では役員にひもづくケースが少ないのは経営のプロである役員が少ないことも理由の1つです。今後のコーポレートガバナンスの方向性からすれば、日本の経営のプロも、自らブレインを抱えることは検討に値します。

頭脳を駆使して合理的に判断する

前述のように必要な専門的知見を確保した上で、経営者はロジカルシンキングだけでなくク

意思決定におけるブラックボックスとホワイトボックス

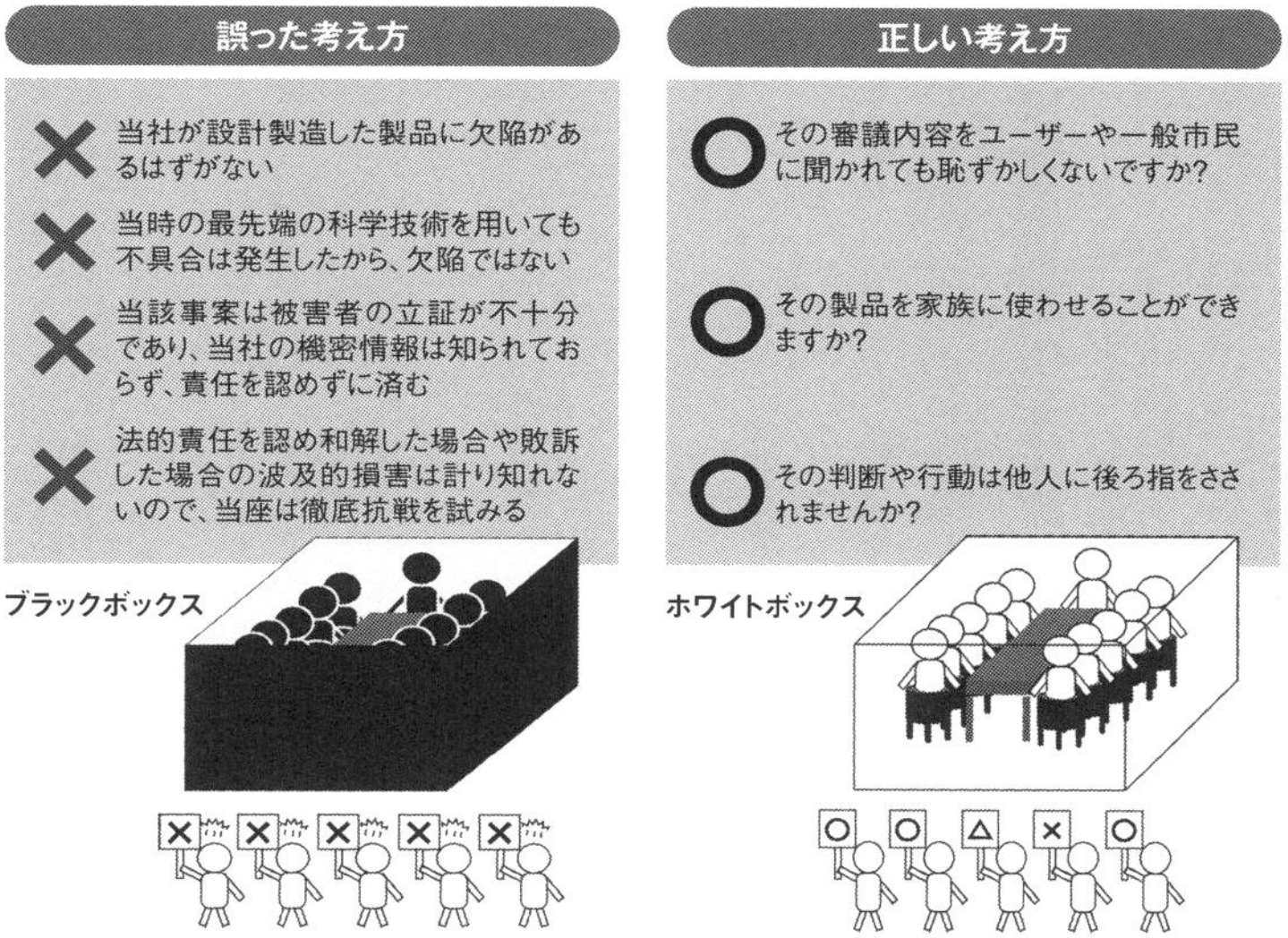

誤った考え方	正しい考え方
✕ 当社が設計製造した製品に欠陥があるはずがない	◯ その審議内容をユーザーや一般市民に聞かれても恥ずかしくないですか？
✕ 当時の最先端の科学技術を用いても不具合は発生したから、欠陥ではない	◯ その製品を家族に使わせることができますか？
✕ 当該事案は被害者の立証が不十分であり、当社の機密情報は知られておらず、責任を認めずに済む	◯ その判断や行動は他人に後ろ指をさされませんか？
✕ 法的責任を認め和解した場合や敗訴した場合の波及的損害は計り知れないので、当座は徹底抗戦を試みる	

リティカルシンキングにより合理的な判断を下すことが不可欠です。一見すると正しいと思われる結論は、ロジカルシンキングに基づく検証をしても筋道に矛盾はない（例えば、A＝B、B＝C故にA＝C）にもかかわらず、やはり何かがおかしい、十分ではないということはありえます。そこで、クリティカルシンキングに基づき、論理の構成要素ごとに客観的に検証すると重要な点が浮き彫りになり（例えば、前提となるA、B、Cの各要素は客観的に正しいのか改めて検証するとA＝B、B'＝C、故にA≠Cが判明する）、本質的に正しい結論に到達できます。

優秀な経営者は天才的なひらめきで正解を出すだけでなく、いま一度客観性を確保して再検証する、セカンドオピニオンと比較して再評価するというプロセスを大切にしています。

誤った企業の論理に陥ることなく、合理的意思決定を下すためには、ブラックボックスの中で審議するのではなく、ホワイトボックス、つまりガラス張りの会議室で一般市民が審議内容を聞いていることを想定することも有益です。前ページの図は、製品事故が発生した後にリコールの是非について経営層が審議していることをイメージしたものです。ブラックボックスでは論理性に欠ける判断や論理的ではあるが適切性に欠ける判断に至る懸念があるところ、一般市民を意識したガラス張りの会議室（ホワイトボックス）では、シンプルで社会的に許容される結論に至ることが期待できます。製品の欠陥により事故を発生させた責任は免れることはできませんが、事後的に適切なリコールの判断をすることにより、社会的な非難を最小化することが可能となるわけです。

迅速かつ適切に指示して実行する

方針・戦略というレベルでの判断の後には、具体的な施策・対策などの実施が求められます。合理的な判断を踏まえ、適切に行動できて初めて、多様なステークホルダーの期待に応えることにつながります。個別具体的な施策や対策への経営者の関与については様々な内容が考えられますが、すべての施策や対策に共通するのは、迅速性と適切性であり、行動を実現するために必要な経営資源の投入です。

■迅速性

環境変化に伴い日々刻々と明確に変化するリスクもあれば、気づかぬ間に徐々に変化しながら結果として大きく変化してしまうリスクもあります。これらを発見し評価して対策を講じる上では迅速性は不可欠です。他社ベンチマークの結果、対策に遅れが生じないのではなく、自社の実態を踏まえたタイムリーな対策実践が必要です。特に有事の際は迅速性が求められます。目に見える巨大なリスクが顕在化した場合(例：地震や火災事故)に迅速に行動できるだけではなく、見えにくいリスクが顕在化しようしている場合(例：社内不正の可能性の察知)について、先手を打って迅速に社内調査や是正措置などが講じられるかは、実務責任者の危機察知能力と同時に、経営者の指揮が問われるところです。

■適切性

適切性については様々な論点がありますが、特に平時のリスクマネジメントにおいては、実施しているリスクマネジメントの枠組みやプロセスが実効性を伴っているか、把握しているリスクの内容と対策が十分であるかを検証し続けることが挙げられます。有事の危機管理対応の際には、主なステークホルダーへの対応について重大な問題はないか、意図せぬネガティブな反応がないかを事前に考え、事後に検証することなどが挙げられます。行動を指示して完了ではなく、行動が期待される成果を上げているかを検証し、必要に応じて行動の是正を要求するところまでが経営者の役割です。

■ **経営資源**

目指すべき理想像や達成すべき目標に対して、必要な経営資源を投入することも重要となります。方針や目標のみを決定し、あとは現場の工夫で何とか実現させるということではなく、実現可能性を評価した上で、限りある経営資源を配分するということです。リスクマネジメント事務局の要員、有事の際の対策本部支援要員などは、成果に重大な影響を与えます。中長期の設備投資計画も様々なリスクを勘案して経営資源を投入しなければなりません。適切に経営資源を配分するためにも、同一の物差し（あらゆるリスクに共通する評価基準）により多様なリスクを評価して、優先順位を付ける必要があります。

自らが説明責任を果たす

経営者がリスクに関連して説明責任を果たすべき局面は数多くあります。むしろステークホルダーへの説明において、リスクと関連しない場合は極めて少ないといえるかもしれません。リスクマネジメントに関わるいわゆる法定開示には、典型的なものとして、会社法などに基づく内部統制システム構築の基本方針の取締役会決議と開示、金融商品取引法に基づく財務報告に関わる内部統制報告書の提出などがあります。上場企業は、さらに証券取引所の適時開示などについても遵守しなければなりません。これらについて形式的要件を満たすことにとどまるのではなく、さらにステークホルダーが期待する情報を開示・説明して、理解を促すことが企業には求められています。これらについてリーダーシップを発揮するのが経営者の役割です。

このような一方通行になりがちな説明責任の履行に加え、特にリスク情報については、潜在・顕在を問わず、情報の発信側と受信側における相互理解を深め、意思疎通を図り、問題解決を目指すこと、すなわちリスクコミュニケーションにより信頼関係を醸成することが肝要です。発信側と受信側の利害が一致しない場合においても、合意形成を強いるのではなく、継続的な対話により相互理解を目指すことが重要となります。

発信側の立場で自己主張することに終始するのではなく、受信側が何を求めているかを予見または実際に把握し、そこから逆算して発信やコミュニケーションの内容を吟味することが求められています。

最も大切なのは心と丹田

多くの経営者には目を見張る頭脳があると感じます。そしてリスクマネジメントに優れた経営者には、さらに心と丹田に秀でたものを感じます。

・心　ハートについては、会社としての経営理念だけでなく、経営者自身の強い信条（クレド）が存在し、またフェア&オープン（公正かつ透明）を重んじているところが共通点です。迷った時には胸に手を当てて考えるべきといわれますが、ここにリスクを管理し、危機に対処するための原理原則が存在しており、例えば、安全はすべてに優先する、コンプライアンスはいかなる時も不可欠である、という原則が揺らぐことはありません。

・丹田　丹田は東洋医学の概念では下腹部の内側に存在するといわれています。ここに気力を集中させることで、体の軸がぶれることがなくなり、課題解決に向けた活力が生み出されます。ただ、この体の軸がぶれることがないことと、軸に融通性がなく硬直的であることとは全く異なります。リスクへの適応には主軸のブレを防ぎつつも、様々な環境変化に迅速に対応する即応性（アジリティ）が同時に求められているのです。

今も昔も変わらぬ重視すべき価値観

企業と社会の持続可能性を確保する上でリスクマネジメントが重要であるということは、最近に始まったことではありません。先人の教えの中にリスクマネジメントは既にビルトインされているのです。

・「企業は社会の公器」

松下幸之助は「企業は社会の公器である」と説いていますが、これに関する以下の記述を読めば、企業は社会の一員であり、プラスマイナスの様々な影響＝リスクを考えて判断すべき（リスクマネジメント）、いろいろな関係先（ステークホルダー）と調和しながら活動すべきだというように、既にリスクマネジメントとマルチステークホルダーの重要性について認識があったことが分かります。

「事業経営というものは本質的には私の事ではなく、公事であり、企業は社会の公器なのである。もちろん、かたちの上というか法律的にはいわゆる私企業であり、なかには個人企業というものもある。けれども、その仕事なり事業の内容というものは、すべて社会につながっているのであり、公のものなのである。

だから、たとえ個人企業であろうと、その企業の在り方については、私の立場、私の都合で物事を考えてはいけない。常に、そのことが人々の共同生活にどのような影響を及ぼすか、プラスになるかマイナスになるかという観点から、ものを考え、判断しなくてはならない」

「企業が事業活動をしていくについては、いろいろな関係先がある。仕入先、得意先、需要者、あるいは資金を提供してくれる株主とか銀行、さらには地域社会など、多くの相手とさまざまなかたちで関係を保ちつつ、企業の経営が行われているわけである。そうした関係先の犠牲においてみずからの発展をはかるようなことは許されないことであり、それは結局、自分をも損なうことになる。やはり、すべての関係先との共存共栄を考えていくことが大切であり、それが企業自体を長きにわたって発展させる唯一の道であるといってもいい」（松下幸之助『実践経営哲学』、ＰＨＰ研究所）

・「三方よし」

江戸時代から活躍していた近江商人が大切にしていた考え方が「三方よし」であり、「買い手よし　売り手よし　世間よし」というものでした。多くの人の期待に応える商品を提供し、自ら利益を得つつも、利益を源泉にして無償で学校を建設するなどの世間への貢献も実施していました。これらの循環が信用を獲得することにつながっていったのです。

買い手というステークホルダーの期待を認識した上で、売り手としての収益も上げながら、社会へ貢献する、そしてこの循環を継続するためには、顧客満足の不確実性、売り上げや利益の不確実性、社会の期待に対する充足度の不確実性など、様々なリスクを管理しなければ実現不可能です。事業と社会のサステナビリティに向けたリスクマネジメントそのものといえます。

では、旧来からの「社会の公器」「三方よし」の考え方を認識していれば、それで十分でしょうか。本質的には確かにその通りですが、時代の要請を考慮すれば、基本に据えつつも「商品・サービスからコトへ」「社会の広がり」「見渡すべき時間」という3つの要素を踏まえることが必要です。

■商品・サービスからコトへ

現在、多くの事業者は商品というモノを提供するだけではなく、商品と併せてサービスを提供し、さらにはこれらによって価値ある体験（コト）を継続的に提供しています。売り手が扱っているのは、売り切りのモノではなく、長く付き合う価値のある体験全体もしくはその要素の一部であると考えることが適切です。

社会の広がり

売り手と買い手だけでなく、売り手の中のバリューチェーンを構成する事業者との関係、直接の関わりがある身近な世間だけではなく、グローバルな社会やあらゆる人々を「世間」に含めて考える必要があります。

見渡すべき時間

今と近い将来だけの「社会の公器」「三方よし」が求められているのではありません。中長期的な未来を展望して様々なステークホルダーの期待に応え、サステナビリティの実現に貢献することが大切です。ロングスパンを前提とした経営判断が経営者に求められています。

企業及び経営者が置かれた厳しい環境を正しく理解し、ステークホルダーの期待に応え、レジリエント（弾力のある、復元力のある）でサステナブルな社会の実現に寄与するために、これらのような基本的かつ重要な価値観を踏まえた上で、多くの経営者がリスクマネジメントにおいてリーダーシップを発揮することを願っています。

（ＭＳ＆ＡＤインターリスク総研　取締役　上席フェロー　田村直義）

【巻末付録】災害・事故・不祥事年表

2019	2020	年
【6月】 M6.7の地震が山形沖で発生、新潟、山形など4県で計26人が負傷 【8月】記録的大雨が九州北部で発生、3人が死亡、1人が行方不明	【4月】政府が、新型コロナの猛威により緊急事態宣言 【7月】豪雨が九州地方各地で発生、84人が死亡、2人が行方不明 【12月】 1,100台の自動車が新潟の関越道で大雪により立ち往生し、自衛隊派遣の要請	災害
【3月】高速船が甲信越地方で海洋生物とみられる物体に衝突、80人がけが、13人が重傷 【6月】無人運行の列車が関東地方の駅で逆走し車止めに衝突、乗客の15人がけが	【1月】大手化学メーカーが、米工場での火災について一部作業員と和解し289億円の支払い 【2月】女子高校生が、神奈川・逗子のマンション敷地内において斜面崩壊に巻き込まれ死亡 【7月】福島県の飲食店で爆発により、1人が死亡、18人が重軽傷	事故
【3月】大手不動産会社の物件で施工不良が判明、国交相が同年夏までに全棟改修するよう前倒しを指示 【5月】大手不動産会社引き渡しの1.3万棟で違法の疑いがあり、2020年末までに耐火改修工事の予定 【8月】決済アプリ大手で不正アクセスが発生、被害者800人超に補償	【2月】大手電機メーカーがサイバー攻撃に遭い、防衛省の防衛関連情報が流出 【2月】大手自動車メーカーが、元役員被告に対し不正問題による損害として100億円を賠償請求 【6月】大手自動車メーカーがサイバー攻撃を受け、国内外の一部工場で生産が一時停止 【10月】証券取引所でシステム障害により終日売買停止 【11月】大手ゲームメーカーがサイバー犯罪集団から「取引」を要求され、内部情報が流出(大阪府警発表) 【12月】北陸地方の医療用医薬品メーカーが、爪水虫内服薬への睡眠剤成分混入により、自主回収を実施	不祥事(サイバー、訴訟等含む)
【3月】エチオピアで旅客機が離陸直後に墜落、157人が死亡 【4月】パリのノートルダム大聖堂で、火災により屋根や尖塔が焼け落ちる被害が発生 【4月】スリランカの教会やホテルで連続爆発があり、200人以上が死亡・日本人が複数負傷	【1月】中国武漢での肺炎患者から新型コロナウイルス検出 【1月】世界的家具量販店が、販売したたんすの倒壊による2歳児の死亡について、遺族と米史上最高額と目される約50億円で和解 【1月】ウクライナ旅客機がイランで墜落、176人が死亡 【5月】黒人の死亡について、米国で抗議デモが行われ一部が暴徒化 【7月】大型貨物船がインド洋モーリシャス沖合で座礁し重油が大量流出 【8月】大規模な爆発がレバノンで発生、220人以上が死亡 【10月】トルコ沖で地震が発生、115人以上が死亡	海外・その他

2018	2019	
【1月】草津白根山が噴火し、1人が死亡、11人が負傷 【6月】大阪北部で震度6弱の地震が発生、5人が死亡、435人が負傷 【7月】西日本で豪雨により、220人超が死亡 【9月】台風21号により、関西地方を中心に14人の死亡・200万軒を超える大規模停電など甚大な被害が発生。鉄道会社は予告して運行を取りやめる「計画運休」を実施 【9月】平成30年北海道胆振東部地震（最大震度7）により、43人が死亡	【9月】台風15号が千葉県に上陸、最大93万戸が停電 【10月】台風19号が伊豆半島に上陸、関東から東北を縦断し、長野・千曲川など各地で河川が氾濫	
【2月】陸自ヘリが佐賀の民家に墜落、隊員2人が死亡、住民1人が負傷 【7月】西日本豪雨の影響で、中国地方の金属加工会社の工場が爆発、近隣住民約40人が重軽傷 【7月】東京都多摩市のビル建設現場で火災が発生、5人が死亡 【9月】大手化学メーカーの北陸の工場で火災が発生、4工場の内2工場が消失 【12月】不動産総合サービス会社の北海道の店舗で、在庫の部屋消臭用スプレー120本のガス抜き作業で爆発が発生、42人が重軽傷	【7月】アニメ制作会社（近畿地方）が放火され、建物内にいた社員70人のうち36人が死亡、33人が重軽傷 【9月】電車が横浜の踏切で脱線しトラックに衝突、33人がけが、トラックの運転手が死亡 【10月】沖縄の首里城が炎上し、正殿など7棟が焼失	
【1月】仮想通貨取引所で不正アクセスにより仮想通貨580億円が流出、出金を停止 【1月】振り袖の販売・レンタル会社との契約で2億円超の被害が発生 【6月】大手住宅メーカーの詐欺被害事件における55.5億円の特別損失計上を受け、株主が提訴 【6月】関東の大学のアメリカンフットボール部選手による悪質なタックルで相手チームの選手が負傷。所属連盟は前監督らの指示と認定し2人を除名処分、同大学は2人を懲戒解雇 【10月】油圧機器メーカーが、15年以上にわたり986件（マンション・病院等）の免震装置で行っていたデータ改ざんを公表 【11月】大手自動車メーカーの会長が、役員報酬50億円の過少申告により金融商品取引法違反容疑で逮捕	【10月】最高裁が津波対策で学校の過失を認め、市、県の上告退け、小学校遺族の勝訴が確定 【11月】大手電力会社の株主5人が、金品受領問題について大手電力会社現旧役員5人への提訴を請求 【12月】リース会社の下請けである情報機器会社元社員が、神奈川県の情報が入ったHDDを転売 【12月】金融庁が、大手事業会社の保険部門を対象に、不適切販売による業務停止を命令	
【4月】米旧IT大手企業での情報流出について、後継企業が3,500万ドル（約38億円）で和解 【5月】ハワイ島キラウエア火山が噴火、約2,000人が避難、80棟超の建物が崩壊 【5月】旅客機がキューバで墜落、112人が死亡 【7月】米日用品メーカーが、ベビーパウダー訴訟における賠償金47億ドルの評決を受け、上訴の方針 【7月】ギリシャ首都アテネ近郊で大規模な山林火災が発生、92人が死亡 【9月】インドネシアでM7.5の地震で津波が発生、2,000人超が死亡 【10月】インドネシアの航空会社旅客機がインドネシア沖で墜落、189人が死亡 【11月】大規模な山火事がカリフォルニア州で発生、1万9,000戸が焼失	【7月】米国ニューヨーク繁華街で変圧器の火災により、7万戸以上の大規模停電が発生 【9月】オーストラリア東部で大規模な森林火災があり、ポルトガルの国土面積を上回る約97,000平方キロの森林が焼失 【11月】イタリアのベネチアで記録的な高潮により1,200億円の被害が発生 【12月】インドの首都ニューデリーで工場火災が発生し、43人が死亡	

2016	2017	年
【4月】前震M6.5、本震M7.3、最大震度7（前震、本震とも）の平成28年熊本地震により、211人が死亡、1,142人が重傷、約21万棟の家屋に被害 【8月】台風10号により北海道、岩手県で27人が死亡または行方不明、東北地方の工場が休業	【7月】九州北部での豪雨により、数百カ所で土砂崩れが発生、福岡・大分で42人が死亡または行方不明 【10月】超大型台風21号が静岡に上陸し、8人が死亡	災害
【1月】スキーバスが長野県軽井沢で転落、15人が死亡 【10月】東京都港区六本木の工事中のマンションにおいて、現場監督が警備員に通行止めを指示しておらず、鉄パイプが歩行中の男性に落下し死亡	【2月】通販会社の関東地方の倉庫で火災が発生し、約100億円の特損計上 【3月】長野県防災ヘリが訓練中に長野県の松本市と岡谷市にまたがる鉢伏山に墜落、乗っていた山岳救助隊員9人全員が死亡 【6月】小型飛行機が訓練中、北アルプス立山連峰に墜落、機内4人全員が死亡 【6月】米イージス艦と貨物船が伊豆沖で衝突、米イージス艦の乗員7人が死亡 【11月】関東地方の航空会社のヘリが群馬県上野村で墜落、4人が死亡 【12月】近畿地方の化学メーカーの工場で、静電気による粉じん爆発が発生、2人が死傷、13人が重軽傷	事故
【3月】大手航空会社で搭乗システムの障害が発生し、国内50空港で87便が欠航、1万人超に影響 【3月】認知症男性が徘徊中に電車にはねられ、鉄道会社が家族に振替輸送費等の損害賠償を求めた裁判で、最高裁は家族の監督責任を認めない判決 【4月】自動車メーカーが、軽自動車4車種で燃費試験時に、燃費を実際より良く見せるためにデータの改ざんを行っていたことを発表	【3月】東京都の都税サイトにおいて、外部からの不正アクセスにより、67万件のカード情報が流出 【6月】日本の自動車用安全部品メーカーが、欠陥エアバッグのリコール問題により、戦後5番目の負債総額1.7兆円で日米で民事再生 【9月】大手自動車メーカー2社で、無資格の検査員による「完成検査」の不正が発覚 【10月】女性社員の過労自殺に関し、大手広告代理店に違法残業で罰金 【10月】大手鉄鋼メーカーが、国内外の600社以上に出荷されたアルミ・銅製品で品質検査に関する証明書を数十年前から組織的に改ざんしていたことを発表 【11月】大手化学メーカーが、子会社におけるタイヤ補強材等の検査データ改ざんを発表 【11月】大手非鉄金属メーカーが、子会社における製品データ改ざんを発表 【12月】大手自動車メーカーが、燃費と排ガス検査のデータ改ざんを発表	不祥事（サイバー、訴訟等含む）
【2月】WHOが中南米のジカ熱で緊急事態を宣言 【6月】独大手自動車メーカーが排ガス不正問題で米当局らと1.5兆円の支払いで和解 【7月】バングラデシュの首都ダッカの飲食店でテロ事件が発生、日本人7人を含む20人が死亡、10時間にらみ合いの末に軍の特殊部隊が突入し、20人以上の人質を救出	【1月】トルコ・イスタンブールのナイトクラブで銃乱射テロにより39人が死亡 【5月】英マンチェスターの人気歌手コンサートで自爆テロにより22人が死亡 【5月】「ランサム（身代金）ウエア」による大規模サイバー攻撃で、150カ国20万件以上の被害が発生 【6月】英ロンドンの高層住宅で大規模火災が発生し、約80人が死亡 【8月】ハリケーン「ハービー」が米ヒューストンを直撃、大洪水を引き起こし、50人以上が死亡 【8月】スペイン・バルセロナで乗用車が観光客らに突入する連続テロで、16人が死亡、100人以上が負傷 【9月】メキシコで3つの地震が発生、約470人が死亡 【10月】米ラスベガスで史上最悪の銃乱射事件が発生、59人が死亡、500人以上が負傷	海外・その他

2015	2016	
【5月】鹿児島県口永良部島で爆発的噴火が発生、噴煙が高さ9,000メートル以上まで上がり、火砕流は海まで到達。屋久島町は避難指示を出し、住民らは全員避難 【9月】関東・東北地方で記録的豪雨が発生、8人が死亡、鬼怒川が決壊	【9月】台風16号が鹿児島県に上陸、記録的大雨により44人が負傷、河川氾濫・冠水により約1,000棟の家屋に被害 【10月】M6.6の地震が鳥取県中部で発生、28人が負傷，5棟の家屋に被害	
【2月】札幌繁華街にある海鮮料理専門店の老朽看板の一部が落下し女性を直撃、女性が意識不明の重体 【4月】食品メーカーの北海道のきのこ工場で、作業中の火花が周囲の可燃物に引火し燃え広がったことが原因とみられる火災が発生、工場内で工事をしていた外部業者4人が死亡 【5月】神奈川県の簡易宿泊所で放火とみられる火災が発生、2棟が全焼、10人が死亡 【7月】小型プロペラ機が東京都調布市の住宅街に墜落、3人が死亡、民家10棟、乗用車2台が炎上	【10月】電力会社の施設火災により東京都内で大規模停電が発生、約58万戸に影響 【11月】地下鉄工事が原因で、幅27メートル、長さ30メートルにわたる大規模な道路陥没が博多駅前で発生。けが人はなし 【12月】新潟県糸魚川駅前で火災が発生、強風の影響で火の回りが激しく、16人が負傷、144棟・約4万㎡が焼損	
【2月】大手機械メーカーの近畿地方の工場周辺住民の遺族を原告とするアスベスト（石綿）訴訟で、最高裁が約3,190万円の賠償を命ずる判決 【3月】タイヤメーカーが免震ゴムの性能を偽装していたことが判明、取締役5人が引責辞任 【6月】日本年金機構職員の端末がサイバー攻撃を受け、国内の公的機関としては過去最大規模の約125万件の年金情報が外部に流出 【9月】証券取引所による株の誤発注に関する損害賠償訴訟において、最高裁が107億円の賠償を命ずる判決 【10月】横浜でのマンションの傾斜を契機として行われた調査で、くい打ち工事での虚偽データ使用が45都道府県で3,040件に上ることが判明 【12月】飲食店運営会社の過労自殺訴訟において1.3億円で和解が成立 【12月】金融庁が、大手電機メーカーによる有価証券報告書等の虚偽記載について、過去最高の73億円の課徴金納付を命令	【4月】産業機器メーカーから購入した東京の土地がアスベスト（石綿）で汚染していたとして、大手宅配便事業会社が損害賠償を求めた裁判で、東京地裁が約56億円の支払命令 【5月】大手自動車メーカーが燃費性能を算出する際の基となるデータを国が定める方法と異なるやり方で測定し、計算していた可能性を国土交通省へ報告 【6月】大手旅行会社子会社のサーバーに外部から不正アクセスがあり、住所・旅券番号などの顧客情報最大約793万人分が流出	
【1月】過激派組織「イスラム国」が日本人の人質2人を殺害 【4月】糖尿病治療薬を巡る米国での製造物責任訴訟で、日本の大手医薬品メーカーが大多数の原告と和解、最大で24億米ドル（約2,880億円）を和解基金に支払 【5月】韓国でMERSコロナウイルスの感染が拡大し、186人が感染、36人が死亡 【9月】独自動車大手が排ガス規制の試験で不正、対象は1,100万台に上り、対策費用の引当金として約8,700億円を特別損失に計上 【9月】日本の自動車部品メーカーが自動車部品の販売で不正な価格操作に関わっていたことを認め、米司法省と罰金75億円の支払いで合意 【9月】日本の非鉄金属メーカーが、米国競争法違反訴訟で原告と和解金60億円の支払いで合意 【9月】米司法省が、日本のセラミックスメーカーの米国での自動車部品の価格操作に関し、幹部らに捜査妨害があったとして罰金78億円の支払いを命令	【7月】中国地方の自動車用シール部品を製造販売するメーカーが、自動車用シール部品の価格カルテルで米司法省と合意し134億円の罰金を支払い 【7月】日本の自動車部品メーカーが、米独占禁止法に違反したことで損害を被ったとして自動車のディーラーや最終購入者から損害賠償を請求されていた集団民事訴訟で、和解金268億円の支払いで合意 【12月】米ポータルサイト運営会社は、2013年8月に発生したサイバー攻撃で、10億人以上の個人情報を盗まれたと発表。日本とは別システム	

	2013	2014	年
	【3月】暴風雪が北海道で発生、9人が死亡 【7、8月】特別警報クラスの豪雨が、山口・島根、岩手、秋田などで4件発生、13人が死亡または行方不明	【2月】関東・甲信・東北地方を中心とする記録的大雪により、26人が死亡、東京電力管内では延べ160万軒以上が停電 【8月】広島市における局所的な集中豪雨により166カ所で土砂災害が発生、77人が死亡、68人が負傷、4,749棟の建物（住家）に被害 【9月】御嶽山（長野、岐阜両県）の噴火が発生、58人が死亡、5人が行方不明となる戦後最悪の火山災害 【10月】台風18号・19号が2週連続で日本列島を直撃、18号で7人が死亡または行方不明、住宅被害が11,739棟、19号で3人が死亡・住宅被害が351棟	災害
	【2月】九州地方にあるグループホームで火災が発生、5人が死亡 【4月】非鉄金属メーカーの本社工場（近畿地方）で爆発があり、2人が死亡 【8月】近畿地方の花火大会で屋台が爆発、3人が死亡 【9月】貨物船が伊豆大島沖で転覆し、6人が死亡	【1月】大手非鉄金属メーカーの中京地方の工場で爆発事故、5人が死亡、13人が重軽傷 【5月】金属加工メーカーの関東地方の工場の火災において、消防隊が出火直後に工場内のマグネシウムを認識できないまま放水したことにより爆発的に炎上、工場約1,300㎡が焼け約38時間後に鎮火、1人が死亡 【9月】大手鉄鋼メーカーの中京地方の製鉄所において石炭塔近くで爆発を伴う火災が発生、15人が負傷 【9月】中京地方の地下鉄駅が、隣接するビルの工事現場から雨水の流れ込みにより冠水、一部区間で運転を見合わせ	事故
	【3月】自転車輸入販売会社に対し、製品の欠陥により、1.8億円の賠償判決 【7月】化粧品メーカーが2,250人から「白斑」症状を訴えられ、86万個の製品を回収 【9月】北海道の駅構内で貨物列車が脱線。その後レール検査記録の改ざんなどが発覚し、全44のうち33の保線部署で改ざんが確認され、初の監督命令発出	【3月】日本の大手電機メーカーの技術を、提携先元技術者の男が韓国半導体大手に提供したため逮捕され 、日本の大手電機メーカーは韓国半導体大手を提訴 【5月】大手電線メーカーの価格カルテルを巡る株主代表訴訟で、役員22人が解決金5.2億円を支払うことで和解。代表訴訟の和解額ではこれまでの最高額 【8月】東京高裁が、関東地方の鉄道会社の持ち株会社に対し、子会社2社の虚偽記載による損害として29億円の賠償を命ずる判決 【9月】通信教育の大手企業で個人情報3,500万件が流出、顧客へ500円金券を配布し補償 【12月】研究機関が、STAP細胞の論文に不正があったと認定 【12月】即席麺メーカーが、商品内に虫が混入していたとの苦情を受け、同社商品のやきそばを自主回収	不祥事（サイバー、訴訟等含む）
	【1月】アルジェリアの天然ガスプラントで人質事件が発生、日本のプラント会社の日本人社員ら10人が死亡 【2月】グアムの繁華街で無差別襲撃事件が発生、3人の邦人が殺害 【4月】米ボストン・マラソンで連続爆破テロが発生、3人が死亡 【4月】中国四川省でM7.0の地震が発生、当日夜までに157人が死亡、200万人以上が被災	【2月】日本の大手タイヤメーカーが自動車部品価格操作で米司法省から罰金4億ドル 【3月】日本の大手自動車メーカーが、急加速リコール問題で米司法省と和解し1,220億円支払い 【4月】旅客船が韓国で沈没、304人が死亡または行方不明 【6月】イスラム教スンニ派の過激派組織「イスラム国」が新国家樹立を一方的に宣言 【8月】米大手銀行が、2008年の金融危機につながった住宅ローン担保証券の不正販売の責任を追及してきた司法省と過去最大の制裁金1.7兆円で和解 【8月】WHOが、エボラ出血熱死者932人の発生により、対策めぐり緊急委員会を開催 【9月】日本の自動車部品メーカーが、米自動車部品カルテルで、108億円の支払いで和解	海外・その他

2012	2013	
【2月】雪崩事故が東北地方の温泉で発生、男女3人が死亡 【5月】竜巻が茨城で発生、2,000棟の被害、1人が死亡 【7月】九州北部豪雨で熊本、福岡、大分の3県の死者・行方不明者は34人、約40万人に避難指示・勧告 【8月】落雷被害が全国各地で発生、大阪府・長野県で3人が死亡 【9月】台風17号が日本列島を縦断、2人が死亡、180人が重軽傷	【10月】土石流災害が伊豆大島で発生、35人が死亡、4人が行方不明 【11月】雪崩が北アルプス・立山で発生、スキー客7人が死亡	
【2月】中国地方の製油所で、掘削中の海底トンネルが崩れ作業員5人が死亡 【4月】ツアーバスが関東地方の関越道で事故、壁に衝突し、46人が死傷 【4月】京都で、児童の集団登校の列に車が突っ込み、児童ら10人が死傷 【4月】大手化学メーカーの中国地方の工場で爆発火災が発生、1人が死亡、21人が重軽傷、工場内の全プラントの操業を停止 【12月】甲信越地方の中央道のトンネルで天井板が崩落し、9人が死亡	【10月】九州地方にある医院で火災が発生し、入院患者ら10人が死亡 【11月】再生油製造販売会社の関東地方所在のリサイクル工場で爆発、2人が死亡	
【1月】光学機器・電子機器メーカーが、損失隠し問題について歴代経営陣に対し損害賠償請求を提訴 【6月】国際的ハッカー集団が改正著作権法（違法ダウンロードを罰則化）の成立に反発し、財務省ホームページなど日本政府にサイバー攻撃 【8月】証券取引所でシステム障害が発生し、先物取引等が一時停止	【10月】関西地方のホテルが食材の誤表示を発表、その後、グループの有名ホテル、百貨店で食材偽装が相次ぎ発覚、返品対応等により総額約1億1千万円返金の見込み 【12月】大手食品会社が、冷凍食品から農薬が検出されたことを受け最低640万パックを自主回収、警察は同社の契約社員を偽計業務妨害の疑いで逮捕	
【1月】大型客船がイタリア西岸の地中海で座礁し、32人が死亡 【10月】ハリケーン「サンディ」が米東部を直撃し、170人超が死亡 【12月】男が米東部の小学校で銃を乱射し、26人を殺害	【7月】高速鉄道がスペイン国内で脱線、79人が死亡 【8月】米ナスダックがシステム障害により、3時間の取引停止 【11月】台風30号がフィリピン中部を直撃し、7,200人が死亡または行方不明 【12月】米ディスカウント大手会社で4,000万枚のカード情報が流出、盗み出されたカード情報を使い作成された偽造クレジットカードを使用した2人が逮捕	

	2010	2011	年
	【4月】口蹄疫が宮崎県で発生、牛豚30万頭が殺処分 【9月】千葉の祭りの会場に落雷が発生、34人が重軽傷	【1月】九州南部霧島連山の新燃岳での爆発的噴火により、農作物の被害、宮崎空港の一部滑走路の閉鎖、航空便の欠航が発生 【1月】福井での大雪により、車両1,200台が立ち往生、1,700人が列車で一夜 【3月】東日本大震災が発生。1万5,000人超が死亡、2,500人超が行方不明 【3月】東日本大震災の津波により、電力会社の原子力発電所で炉心溶融、放射性物質の放出を伴う事故が発生 【7月】記録的豪雨が新潟・福島で発生、40万人に避難指示・勧告	災害
	【1月】化学メーカーの関東地方の工場で爆発事故が発生、8人が負傷 【1月】東京銀座のビルで壁に穴が開けられ、高級腕時計合計3億円分の盗難 【3月】北海道のグループホームで火災が発生、7人が死亡 【4月】家畜伝染病の口蹄疫が宮崎県で発生し感染が拡大、県が非常事態宣言、経済損失額は約2,350億円	【4月】クレーン車が、関東地方の国道で登校中の小学生の列に突っ込み、児童6人が死亡 【5月】警備会社の営業所で現金6億円の強盗傷害事件が発生。その後、内部情報を提供した元社員を含む暴力団関係者ら23人が逮捕・起訴 【7月】元暴力団組員ら74人が関東地方で重機670台の窃盗を行い、総額18億円の被害 【8月】東海地方の川下り観光船が転覆し、5人が死亡 【11月】総合化学メーカーの中国地方の事業所で爆発事故が発生、1人が死亡	事故
	【4月】空調機メーカーが、空気清浄機製品8件の発火を受け87万台をリコール 【7月】大手銀行でシステム障害が発生し、1万件の取引に影響 【9月】関東地方の大学病院において、多剤耐性菌の院内感染が発生、46人が感染、27人が死亡	【1月】大手製薬メーカーが、注射薬について、製品の安全性を確保するための検査未実施が発覚したとして250万本分を回収 【3月】都市銀行で大規模システム障害が発生、窓口業務やATMが停止、復旧に1週間超 【4月】大手電機メーカーがオンラインサービスに不正なアクセスを受け、サービス利用者1億人以上の個人情報が流出 【4月】20店舗の焼肉チェーン店がユッケで集団食中毒を引き起こし、5人が死亡、180人以上が発症。会社を解散、任意整理での清算手続き 【9月】大手機械メーカーが全国11カ所の防衛産業や原子力関係の生産・開発拠点にサイバー攻撃を受け、83台のサーバー・パソコンにウイルス感染 【11月】大手製紙メーカーの前会長が子会社から無担保で資金を借り入れ計32億円を振り込ませ、損害を与えたとし、東京地検に会社法違反(特別背任)容疑で逮捕	不祥事(サイバー、訴訟等含む)
	【2月】M8.7の地震がチリで発生、802人が死亡 【4月】英国石油会社がメキシコ湾沖で海底油田を掘削作業中に爆発があり、大量の原油が流出、甚大な環境被害が発生 【4月】中国青海省でM7.1の地震が発生、2,000人超が死亡	【1月】男が米アリゾナ州スーパーマーケット前での下院議員集会で銃を乱射し、連邦判事と9歳の少女を含む6人が死亡、12人が負傷 【2月】ニュージーランドで地震が発生、日本人28人を含む185人が死亡 【4月】史上最悪規模の竜巻が米アラバマ州等で相次ぎ発生、480人超が死亡 【5月】大腸菌「O104」感染者が、ドイツを中心に広がり、26人が死亡 【7月】洪水がタイ・バンコク北部で発生、500人超が死亡、460社の日系企業が被害 【7月】中国の高速鉄道で先行列車に後続列車が追突し、40人が死亡、200人近くが負傷 【7月】男がノルウェーの連立与党・労働党の青年部集会で銃を乱射し、68人が死亡、多数が負傷	海外・その他

2009	2010	
【6月】WHOが新型インフルで、41年ぶりにパンデミックの宣言 【7月】中国・九州北部豪雨により土砂災害が発生、中国地方の特別養護老人ホームを土石流が襲い7人が死亡するなど、中国・九州北部で計36人が死亡 【8月】台風9号により九州から東北地方の広い範囲で大雨、4県で計25人が死亡 【9月】乗鞍岳・畳平のバスターミナルでクマの襲撃があり、観光客ら9人が重軽傷 【10月】台風18号が本州を縦断、4人が死亡	【12月】発達した低気圧により各地で大雨強風被害	
【3月】関東地方のNPO法人老人施設で火災が発生、10人が死亡 【3月】50代女性が関東地方の駅で転倒した際にマフラーがエスカレーターに巻き込まれて首に巻き付き、死亡 【7月】無職の男が大阪のパチンコ店に放火、4人が死亡、19人が重軽傷 【10月】海自護衛艦と貨物船が関門海峡で衝突、双方で火災が発生 【12月】化学メーカーの近畿地方の工場が爆発、4人が死亡	【8月】海上保安庁のヘリが香川県で墜落、5人が死亡 【10月】中京地方のアルミ工場の解体工事で壁が倒壊し、女子高生が下敷きとなり死亡	
【6月】大手証券会社で顧客約148万人分の個人情報が流出、元社員が不正アクセス禁止法違反と窃盗の疑いで逮捕。被害者約5万人に1万円の商品券を送付 【8月】大手芸能事務所の通販サイトが、中国からの不正アクセスによるクレジットカード情報3万4,097件の流出について、約15万人に金券を送付 【9月】関東地方の飲食チェーン店でのO157による食中毒が原因で、計11都府県および5市で計26人が発症 【9月】大手家電メーカーが、洗濯機からの出火と2人の負傷を受け、5回目のリコール 【11月】米大手保険会社の日本支店で、中国の業務委託先従業員の不正アクセスによる約32,000件の顧客情報の漏洩が発生	【10月】テロ捜査情報が警視庁から流出し、約1,000人分の個人情報の一部がファイル共有ソフト上やウェブサイトに掲載 【12月】飲料メーカーが資金運用に失敗し、役員に533億円の返還を求めた株主代表訴訟で、運用責任者の元副社長にのみ67億円の賠償が確定	
【1月】WHOがジンバブエでのコレラ感染者数6万人超、死者3,000人超を報告 【2月】オーストラリアで大規模な山火事が発生、208人が死亡 【6月】米自動車最大手メーカーが経営破綻、連邦破産法11条の適用を申請、破産法を申請した米製造業では過去最大 【9月】南太平洋とスマトラで地震が相次ぎ発生、南太平洋で177人が死亡または行方不明、スマトラで1,100人以上が死亡 【9月】仏旅客機がブラジルからパリへ向かう途中、大西洋上で墜落、乗客乗員228人全員が死亡 【11月】韓国の射撃場で火災が発生、日本人客10人が死亡	【4月】大規模噴火がアイスランドで発生、欧州各地の空港が閉鎖 【7月】観光列車がスイスで脱線、邦人女性が死亡し38人が負傷 【10月】スマトラ沖でM7.7の地震・津波が発生、394人が死亡 【10月】インドネシアのジャワ島で噴火が発生、324人が死亡	

	2007	2008	年
	【3月】能登半島地震（最大震度6強）により、1人が死亡、88人が重傷、約680棟の住宅が全壊の被害 【7月】新潟県中越沖地震（最大震度6強）により15人が死亡、2,300人以上が負傷、住宅約7,000棟が全半壊、甲信越地方の原発でも火災発生	【6月】岩手・宮城内陸地震（最大震度6強）により、23人が死亡または行方不明、400人超が負傷	災害
	【1月】関西地方のカラオケ店で火災が発生、少年3人が死亡 【6月】東京の女性専用温泉施設で爆発が発生、女性従業員ら6人が死傷	【2月】海上自衛隊イージス艦と漁船が太平洋で衝突し、漁船乗組員2人が死亡 【4月】化学メーカーの関東地方の工場で爆発、2人が死傷 【7月】鉄鋼メーカーの九州地方の製鉄所で火災が発生、けが人はなし 【8月】タンクローリーが首都高速道路で横転、炎上。その後、運送会社は32億円の賠償命令判決により倒産 【10月】大阪の個室ビデオ店で放火があり、客16人が死亡	事故
	【1月】菓子類のメーカーが消費期限切れの原料を使用していた問題で洋菓子販売を休止 【6月】食肉加工会社が牛ミンチに豚肉を混ぜる偽装事件が発覚 【8月】理容・美容会社が5万人分のデータを流出したことの損害を求める裁判で、東京高裁が最高賠償額1人3万5,000円の支払いを命ずる判決	【1月】都市銀行旧経営陣に対する賠償訴訟で、最高裁が13人に対し総額101億円の支払いを命ずる判決 【1月】中国産冷凍ギョーザにより10人が薬物中毒症を発症、製品から有機リン系殺虫剤を検出 【2月】飲食チェーン店で無認可添加物の入った肉まんを2000年に販売した事件の株主代表訴訟で、当時の役員13人について約53億円の賠償額が最高裁で確定 【9月】関西地方の米穀販売会社が汚染された事故米の不正転売を行い、同社幹部らと取引先の仲介会社社長の計5人が不正競争防止法違反（虚偽表示）容疑で逮捕 【11月】着色剤メーカーの関東地方の敷地から基準25倍のダイオキシンが検出	不祥事（サイバー、訴訟等含む）
	【8月】M8.0の地震がペルー沖で発生、約500人が死亡、数百人が負傷 【11月】サイクロンがバングラデッシュで発生、4,000人超が死亡	【5月】サイクロンがミャンマーを直撃、6万人超が死亡または行方不明、数百万人が被災 【5月】M7.9の大地震が中国・四川で発生、8万7,000人超が死亡または行方不明者 【9月】米投資銀行大手が負債総額6,000億ドル超の史上最大級規模で倒産、世界的な信用収縮と株価暴落に拡大	海外・その他

2006	2007	
【7月】九州中南部、北陸、長野で豪雨が相次いで発生、28人が死亡、2人が行方不明、46人が負傷、275棟の住宅が全壊 【9月】台風13号により、九州を中心に9人が死亡、1人が行方不明 【11月】巨大竜巻が北海道で発生、9人が死亡 【11月】 M8.1の地震が択捉沖で発生、、北海道各地で津波	【8月】日本列島で74年ぶり3日連続40度超の猛暑が発生、熱中症で全国で11人が死亡	
【1月】四国地方の石油元売り会社の原油タンク内で洗浄作業中、爆発が発生、5人が死亡 【4月】石油元売り企業の関東地方の製油所のコンビナートで爆発が発生 【7月】関東地方の市営プールで小2女児が吸水口に吸い込まれ、死亡 【8月】クレーン船が関東地方の川をまたぐ高圧送電線に接触、約139万戸が停電 【8月】北海道地方での重機窃盗につき、120人が逮捕、犯行300件で総額7億5,000万円の被害 【12月】北陸地方の医薬品メーカーで工場が爆発、8人が死傷	【11月】金属加工会社の東北地方の工場で爆発が発生、3人が死亡 【12月】大手化学メーカーの関東地方のプラントで火災が発生、4人が死亡	
【4月】大手ホテルチェーンの耐震偽装で、建築士や販売会社社長ら逮捕 【6月】大手ファンドの代表が証券取引法違反容疑で、東京地検特捜部に逮捕 【7月】ガスコンロなどを製造する金属製品メーカー製の湯沸かし器で一酸化炭素中毒事故が発生、27件の事故で、20人が死亡 【7月】関東地方の飲酒ひき逃げ死亡事故で、東京地裁が同席者・勤務先に対し運転制止は義務として賠償を命ずる判決 【9月】大手不動産会社など3社が、大阪地裁でのシックハウス集団訴訟において住民に解決金を支払う内容で全国初の和解 【10月】大手電機メーカーの光ディスクの特許訴訟で、最高裁が発明対価を1億6,000万円で確定	【10月】中京地方の和菓子店が商品の消費期限を改ざん、県から営業禁止命令 【12月】通信会社が約1,100万件の会員情報を流出させた事件について最高裁で敗訴、1人5,500円の賠償が確定	
【2月】フィリピン中部レイテ島で豪雨により地滑りが発生、多数が死傷 【5月】ジャワ島中部でM6.3の地震が発生、5,760人が死亡 【9月】高速リニアモーターカーがドイツで時速200キロ実験走行中に点検用車両と衝突し、21人が死亡 【10月】北朝鮮が「地下核実験」の実施を発表し、国連安保理が「厳しい措置」の制裁を協議	【11月】台風がフィリピン・ルソン島を通過、泥流で1,000人超が死亡	

	2004	2005	年
	【7月】新潟・福島県で豪雨が発生、新潟では15人が死亡 【9月】台風18号の影響で、西日本中心に休業・浸水の被害が相次ぎ生産活動に打撃	【9月】台風14号で九州・四国・中国地方で長時間にわたる暴風雨、高波が発生、28人が死亡、29万人に避難勧告 【12月】東北地方で特急列車が突風が原因で脱線・転覆し、5人が死亡、32人が負傷 【12月】記録的な大雪が新潟・近畿地方で発生し、大規模な停電	災害
	【3月】関東地方の複合商業施設で、6歳男児が自動回転ドアに頭をはさまれ死亡 【8月】北陸地方の原発で、2次冷却系配管が破損して高温の水蒸気が噴出、作業員5人が死亡、6人が負傷 【8月】四国地方の造船メーカーで建造船内で塗装作業中に爆発事故が発生、4人が死傷	【4月】近畿地方の列車の脱線事故で、107人が死亡 【4月】福島県の磐越道でバスが横転する事故で、23人死傷 【6月】関西地方の大手機械メーカーの旧アスベスト工場で、労働者や周辺住民に中皮腫多発などの健康被害が発覚	事故
	【5月】自動車メーカー大型車の欠陥隠し事件で、ハブ破損に絡む道路運送車両法違反（虚偽報告）容疑などで、前会長ら7人逮捕 【6月】大手自動車メーカーが17車種のクラッチ系部品の欠陥を隠し、約17万台がリコール、元社長ら6人を業務上過失致死容疑で逮捕	【3月】04年秋に発覚した関東地方の鉄道会社のグループ企業による虚偽記載事件で、前会長に有罪判決 【5月】国が発注した鋼鉄製橋梁（きょうりょう）工事をめぐる入札談合事件で、11社14人が逮捕 【7月】粉飾決算で化粧品会社の元社長ら3人が逮捕 【11月】全国のマンション、ホテルで耐震データの偽造が発覚 【11月】証券取引所のシステムに障害が発生、全銘柄の売買が停止 【12月】大手証券会社が新規上場株で誤って大量の売り注文を出し、発行済み株式の3倍を超える売買が行われ、400億円超の損失	不祥事（サイバー、訴訟等含む）
	【1月】エジプト機の墜落事故が発生、日本人含む乗員乗客148人が死亡 【8月】ロシアで旅客機2機が機内での自爆テロによりほぼ同時に墜落、計90人が死亡 【9月】ハリケーン「ジーン」で大規模な水害がハイチで発生、1,870人が死亡、884人が行方不明	【7月】ロンドンの地下鉄とバスで、「アルカイダ」関連組織が同時爆破テロ 【7月】大手電気通信事業者が巨額粉飾を行い、米連邦地裁が元CEOに禁固25年の実刑の判決 【8月】ハリケーン「カトリーナ」が米国南部を襲い、約1,200人が死亡、50万人が避難 【10月】インドネシア・バリ島で同時爆弾テロが発生、日本人男性1人を含む20人以上が死亡	海外・その他

2003	2004	
【7月】宮城県北部で発生した地震（最大震度6強）により、645人が重軽傷。通信機器メーカーの半導体工場が30億円の損失 【9月】十勝沖地震（最大震度6弱）により、2人が行方不明、847人が重軽傷、石油精製企業のタンク2基が炎上	【10月】台風23号が高知県に上陸、近畿から関東を縦断、各地で土砂崩れや堤防決壊が発生 【10月】M6.8の新潟県中越地震が発生、最大震度7、68人が死亡、約4,600人が重軽傷、約1万4,000棟超の住宅が全半壊	
【7月】化学メーカーの四国地方の工場で一酸化炭素中毒事故が発生、4人が重体 【7月】近畿地方でブラジル人などの重機窃盗団24人が逮捕、被害総額は10億円 【9月】大手タイヤメーカーの関東地方の工場で火災が発生、周辺住民約5,000人に避難指示、損失額は計400億円 【9月】大手鉄鋼メーカーの中京地方の製鉄所で爆発事故が発生、15人が負傷 【12月】米国産牛肉がBSEで輸入禁止となり、大手外食チェーンストアで牛丼販売が休止	【8月】九州地方のタイヤメーカー工場で生ゴムの練り工程において火災事故が発生し、13人が負傷 【12月】中国地方の大手自動車メーカーの工場で、火災事故が発生、復旧期間は半年以上	
【6月】大手銀行グループに政府が1兆9,600億円の公的資金投入を正式決定 【6月】大手コンビニエンストアが会員の住所・誕生日など56万人の情報を流出し、商品券500円を送付 【12月】台湾の航空会社の264人が死亡した墜落事故に関する訴訟で「無謀」操縦を認め50億円賠償を命ずる判決	【7月】通信会社の関連会社で障害が発生し、14万回線のネット接続が不通 【12月】大手銀行の元副頭取らが、検査忌避容疑で逮捕	
【2月】米航空宇宙局NASAのスペースシャトル「コロンビア」が、帰還直前に空中分解、搭乗飛行士7人全員が死亡 【3月】新型肺炎SARSがアジアで流行、32の国と地域にわたり8,000人を超える症例をWHOが報告 【4月】イラク戦争で米軍がバグダッド中心部を制圧、フセイン体制の崩壊 【8月】ジャカルタのホテルの前で爆弾テロが発生、150人以上が死傷 【11月】邦人外交官2人が宗派・民族対立の激化で治安が急激に悪化しているイラクで、銃撃され死亡 【12月】M6級の地震がイラン南東部で発生、2万7,000人超が死亡、1万4,000人以上が負傷	【12月】M9.0の地震がインドネシアのスマトラ沖で発生、津波により30万人超が死亡または行方不明 【12月】台風27号がフィリピンに豪雨をもたらし、1,000人超が死亡または行方不明	

	2001	2002	年
	【3月】安芸灘を震源とする芸予地震（最大震度6弱）により、製紙、半導体工場などに影響	【10月】台風21号が首都圏を縦断、茨城県で鉄塔7基が倒壊	災害
	【1月】国交省管制官の便名呼び間違いにより、日本の旅客機2機が異常接近（ニアミス）し、乗客100人が重軽傷 【4月】中国地方の化学メーカーの工場で爆発事故が発生し、従業員3人が軽傷	【3月】九州地方の大手総合化学メーカーの工場で火災が発生、けが人はなし 【8月】東名阪自動車道でトレーラー運転手が居眠りし事故が発生、11人が死傷 【10月】九州地方の大手造船所で、建造中の世界最大級の客船で火災事故が発生、従業員は無事なるも船の床面積の約40%を焼失	事故
	【3月】機密費5,000万円詐欺容疑で外務省元室長が警視庁により逮捕	【1月】大手自動車メーカーの大型トレーラーのタイヤが脱落し、母子3人が死傷 【4月】大手銀行グループで大規模なシステム障害が発生、ATMオンラインが故障し混乱、システム障害を収束するまでに数カ月 【5月】食品会社の元幹部が牛肉偽装事件で詐取容疑により逮捕、会社も解散 【8月】肉製品メーカー会長が子会社による牛肉偽装問題で辞任	不祥事（サイバー、訴訟等含む）
	【2月】ハワイ沖で日本の実習船が米原潜に衝突され、沈没 【9月】米同時多発テロでNY世界貿易センタービルが倒壊 【10月】米英両国がアフガンへの攻撃を開始	【3月】M6.8の地震が台湾で発生、建設現場で5人が死亡、台北では複数の住宅が倒壊 【5月】台湾の航空会社旅客機が台湾海峡で墜落、乗客・乗員225人が死亡 【7月】米大手電気通信事業者が巨額粉飾で、米史上最大規模の410億ドルの負債で破綻 【10月】インドネシア・バリ島のディスコで爆弾テロが発生、191人が死亡 【11月】米で巨大竜巻が発生、30人超が死亡、100人以上が負傷	海外・その他

2000	2001	
【3月】有珠山が噴火し、大規模火砕流が発生 【6月】三宅島が噴火し、9月に全島民の島外避難を決定 【9月】東海豪雨により、名古屋市全域で冠水し、最大58万人に避難勧告。10人が死亡、4人が行方不明 【10月】鳥取西部地震(最大震度6強)で東海道・山陽新幹線が最長4時間半遅れ、19万人に影響	【8月】台風11号の影響による高潮で、鉄道・道路の不通により関西空港が孤立	
【3月】関東地方の地下鉄で脱線事故が発生し、5人が死亡、64人が重軽傷 【8月】化学メーカーの中京地方の工場で爆発事故が発生、79人が負傷、538棟の家屋に被害 【12月】中部地方で列車の衝突事故が発生、26人が死傷 【12月】化学メーカーの関東地方の工場で合成ゴム製造プラントから出火し、火災が発生	【7月】近畿地方の花火大会で、歩道橋において将棋倒しが発生、258人が死傷 【9月】関東地方のビルで出火原因不明の火災が発生、一酸化炭素中毒などで44人が死亡	
【6月】大手広告代理店が過労自殺した男性の遺族と、最高裁で1億6,800万円で和解し陳謝 【6月】乳製品メーカーの北海道地方の工場製造の乳製品で集団食中毒が発生、1万3,400人に被害 【8月】自動車メーカーの意図的、組織的なリコール隠しが発覚し、運輸省がリコール制度で初の告発	【5月】大手総合商社が、銅不正取引の損害賠償訴訟で107億円で和解	
【7月】超音速旅客機が墜落し、乗客乗員109人全員と、地上の4人が死亡、英仏で運航一時中止となり航空関係者に大きな衝撃 【8月】米のタイヤメーカーが、同社のタイヤを装着した車で多数の横転事故が発生し、関連する死者が148人超となったことについて、同社タイヤ650万本をリコール 【10月】東南アジアの航空機が台北国際空港で離陸に失敗して炎上し、乗客・乗員179人のうち、日本人1人を含む83人が死亡	【11月】米旅客機がニューヨークで離陸後まもなく墜落、乗員乗客260人の全員が死亡 【12月】ペルーのリマの繁華街で火災が発生、290人以上が死亡	

国連SDGsサイト
https://www.un.org/sustainabledevelopment/

執筆者一覧

ゲスト

竹中平蔵　慶應義塾大学名誉教授・東洋大学国際学部教授
第1章「"ニューノーマル時代"こそ、レジリエントでサステナブルな社会を」

MS&ADインターリスク総研

中村光身　代表取締役社長
はじめに　第1章「"ニューノーマル時代"こそ、レジリエントでサステナブルな社会を」

田村直義　取締役 営業推進部長 兼 特命事項担当 CDO（Chief Digital Officer） 上席フェロー
序章「今なぜ、リスクマネジメントなのか」　第2章「これからのリスクマネジメント」
第4章「MS&ADインシュアランス グループのリスクソリューション」
第5章「リスクマネジメントに優れた経営者とは」

土井　剛　新領域開発部長　主席コンサルタント
第3章「最新リスクへの対策（サイバーリスク）」

堀江　啓　総合企画部 リスク計量評価グループ長　フェロー
第3章「最新リスクへの対策（リスク計量）」

蒲池康浩　新領域開発部　次世代モビリティ室長　主席コンサルタント
第3章「最新リスクへの対策（次世代モビリティ）」

関口祐輔　リスクマネジメント第一部　リスクエンジニアリング第三グループ長　主席コンサルタント
第3章「最新リスクへの対策（安全文化）」

對間裕之　リスクマネジメント第四部　健康経営サービスグループ長　上席コンサルタント
第3章「最新リスクへの対策（健康経営）」

藤田　亮　リスクマネジメント第四部　事業継続マネジメント第一グループ長　上席コンサルタント
第3章「最新リスクへの対策（BCP・事業継続計画）」

寺﨑康介　リスクマネジメント第三部　サステナビリティグループ　マネジャー・上席研究員
第3章「最新リスクへの対策（気候変動）」

（2021年4月1日時点の所属部・役職を記載しています）

MS&ADインターリスク総研

MS&ADインターリスク総研は、「持続的成長と企業価値向上を追い続ける世界トップ水準の保険・金融グループを創造します」を経営ビジョンに掲げるMS&ADインシュアランス グループにおいて、リスク関連サービス事業の中核を担う事業会社である。

グループには、国内損保事業を担う三井住友海上、あいおいニッセイ同和損保などがあり、当社のコア事業であるリスクマネジメントに関するコンサルティング・セミナー・訓練・調査研究・情報発信などにおいてシナジー効果を発揮している。

企業や自治体をはじめとする組織を取り巻く多種多様なリスクのソリューションについて豊富な経験とノウハウを有し、「レジリエント（強靭）でサステナブル（持続可能）な社会の実現」に向けて、「高品質なソリューション力」「グローバルな対応力」「グループシナジー追求力」の3つの柱を軸として研鑽に励み、常にお客さまの安心と満足のために行動し続けている。

https://www.irric.co.jp/

レジリエントでサステナブルな社会の実現に向けて

最新 リスクマネジメント経営

2021年3月29日　第1版第1刷発行

著　者	MS&ADインターリスク総研
発行者	伊藤暢人
発　行	日経BP
発　売	日経BPマーケティング 〒105-8308 東京都港区虎ノ門4-3-12
構　成	片瀬京子
編　集	太田憲一郎
人物写真	陶山 勉
装丁・本文デザイン	エステム
印刷・製本	中央精版印刷

ISBN978-4-296-10886-2